Filosofia hermenêutica

SÉRIE ESTUDOS DE FILOSOFIA

Filosofia hermenêutica

2ª edição

Leandro Sousa Costa
Leonardo Nunes Camargo

Rua Clara Vendramin, 58 . Mossunguê
CEP 81200-170 . Curitiba . PR . Brasil
Fone: (41) 2106-4170
www.intersaberes.com
editora@intersaberes.com

Conselho editorial
Dr. Alexandre Coutinho Pagliarini
Drª. Elena Godoy
Dr. Neri dos Santos
Mª. Maria Lúcia Prado Sabatella

Editora-chefe
Lindsay Azambuja

Gerente editorial
Ariadne Nunes Wenger

Assistente editorial
Daniela Viroli Pereira Pinto

Edição de texto
Monique Francis Fagundes Gonçalves

Capa
Denis Kaio Tanaami (*design*)
Sílvio Gabriel Spannenberg (adaptação)
Everett Collection/Shutterstock (imagem)

Projeto gráfico
Bruno Palma e Silva

Diagramação
Maiane Araujo

Equipe de design
Sílvio Gabriel Spannenberg

Iconografia
Regina Cláudia Cruz Prestes

Dados Internacionais de Catalogação na Publicação (CIP)
(Câmara Brasileira do Livro, SP, Brasil)

Costa, Leandro Sousa
    Filosofia hermenêutica / Leandro Sousa Costa, Leonardo Nunes Camargo. -- 2. ed. -- Curitiba : Editora Intersaberes, 2023. -- (Série estudos de filosofia)

    Bibliografia.
    ISBN 978-85-227-0451-4

    1. Filosofia 2. Hermenêutica I. Camargo, Leonardo Nunes. II. Título. III. Série.

23-142683   CDD-121.68

Índices para catálogo sistemático:
1. Hermenêutica : Filosofia   121.68

Cibele Maria Dias – Bibliotecária – CRB-8/9427

1ª edição, 2017.
2ª edição, 2023.

Foi feito o depósito legal.

Informamos que é de inteira responsabilidade dos autores a emissão de conceitos.

Nenhuma parte desta publicação poderá ser reproduzida por qualquer meio ou forma sem a prévia autorização da Editora InterSaberes.

A violação dos direitos autorais é crime estabelecido na Lei n. 9.610/1998 e punido pelo art. 184 do Código Penal.

sumário

apresentação, ix
organização didático-pedagógica, xiii

Hermenêutica e linguagem: aspectos introdutórios e interfaces, 18
    1.1 Filosofia, linguagem e hermenêutica: uma visão geral, 20
    1.2 Hermenêutica e historicidade, 25
    1.3 Hermenêutica e verdade, 32
    1.4 Hermenêutica e linguagem, 36

2 Antiguidade Clássica e Idade Média: verdade, interpretação e exegese, 50

2.1 Um olhar sobre a Grécia Clássica: verdade e interpretação, 52
2.2 Teoria da verdade de Platão e interpretação, 56
2.3 Teoria da verdade de Aristóteles e interpretação, 60
2.4 Exegese dos medievais, 64

3 Da universalidade à compreensão: Schleiermacher e Dilthey, 78

3.1 Filosofia de Schleiermacher e Dilthey, 81
3.2 Hermenêutica filosófica e universalização no pensamento de Schleiermacher, 89
3.3 Hermenêutica filosófica e compreensão no pensamento de Dilthey, 95

4 Hermenêutica filosófica de Heidegger, 108

4.1 Filosofia de Heidegger, 111
4.2 Ontologia e hermenêutica no pensamento de Heidegger, 112
4.3 Interpretação e hermenêutica no pensamento de Heidegger, 124

5 Experiência e linguagem: a hermenêutica filosófica de Gadamer, 142

5.1 Filosofia de Gadamer, 144
5.2 Entre experiência e hermenêutica na filosofia de Gadamer, 147
5.3 Linguagem na perspectiva hermenêutica de Gadamer, 162

Interpretação e sentido: perspectivas hermenêuticas, 184
  6.1 Hermenêutica filosófica nos séculos XX e XXI, 187
  6.2 Hermenêutica de Habermas, 196
  6.3 Hermenêutica de Ricoeur, 205

considerações finais, 221
referências, 225
bibliografia comentada, 229
respostas, 233
sobre os autores, 237

apresentação

A *filosofia, entendida em* uma perspectiva muito restrita, tem por objetivo se constituir uma atividade de esclarecimento da linguagem. Se, por um lado, temos a elucidação da lógica de nossa linguagem, por outro, há o esclarecimento dos usos que fazemos da linguagem. A hermenêutica, em parceria com a escola pragmática, assume tarefa importante nas investigações da filosofia, pois contribui efetivamente como um método para as pesquisas. Essa técnica aponta para um rigor metodológico, não permitindo que caiamos na "frieza" das ciências positivas.

A filosofia exige muito tempo do pensador quando se propõe a refletir sobre uma temática, pois este deve se dedicar integramente ao exercício do questionamento, da crítica, das possibilidades e das interdependências conceituais. Não obstante, é possível constatar, no sentido explicitado, inúmeras correntes filosóficas e investigativas, pois há muitos campos teóricos no conhecimento filosófico. Nesse sentido, a hermenêutica tem se mostrado uma das áreas que concentram um significativo esforço teórico por parte de muitos pensadores. Ela, então, será nosso objeto de estudo.

Nesta obra, você será convidado a mergulhar no universo hermenêutico, no qual traremos – de forma específica e técnica, mas não exaustiva – algumas discussões relacionadas à filosofia hermenêutica, assim como os principais autores e suas perspectivas ao abordar essa temática tão importante para a filosofia, que, por sua vez, se traduz em uma área do conhecimento essencialmente interpretativa.

Chamamos a atenção para o fato de que este texto não tem a pretensão esgotar o universo hermenêutico, mas possibilitar um trânsito nessa área do conhecimento ao analisar aspectos metodológicos e teóricos e os principais autores que a influenciaram significativamente.

Não pretendemos (tampouco poderíamos) tratar de todos os temas pertinentes, menos ainda apresentar e explicar todas as contribuições dadas pelos filósofos nos últimos séculos à hermenêutica. Nosso texto é um suporte teórico que explora questões fundamentais para uma compreensão básica e introdutória e pode ser um instrumento interessante para o público brasileiro.

Assim, dedicamos o primeiro capítulo a abordar questões técnicas acerca da hermenêutica e sua relação com a linguagem. O segundo capítulo traz os antecedentes da hermenêutica, apontando as influências a essa área, que tem um primeiro esboço na Antiguidade. O terceiro capítulo traz dois autores fundamentais para a sistematização da hermenêutica a partir da Modernidade: Friedrich Schleiermacher e Wilhelm Dilthey. O quarto e o quinto capítulos apresentam as discussões e o entendimento de Martin Heidegger e Hans-Georg Gadamer, respectivamente, sobre hermenêutica. Por fim, no sexto capítulo, analisamos algumas discussões pertinentes que têm sido feitas a respeito do tema. Trouxemos autores como Jürgen Habermas e Paul Ricoeur para tematizar nossa explanação e, com base nisso, elegemos algumas questões fundamentais para refletirmos à luz das ponderações desses pensadores e suas escolas filosóficas.

Contemplamos, de certa maneira, questões apresentadas em livros introdutórios de hermenêutica e trouxemos outras que podem ampliar o leque de pesquisa na área. Autores e temas, evidentemente, podem se repetir, pois é praticamente impossível introduzir questões fundamentais sem recorrer a eles, a suas ideias e produções. Queremos, com este material, contribuir para as discussões sobre a temática, bem como fornecer um instrumental teórico para a formação acadêmica.

organização didático-pedagógica

Esta seção tem a finalidade de apresentar os recursos de aprendizagem utilizados no decorrer da obra, de modo a evidenciar os aspectos didático-pedagógicos que nortearam o planejamento do material e como o aluno/leitor pode tirar o melhor proveito dos conteúdos para seu aprendizado.

Introdução do capítulo

Logo na abertura do capítulo, você é informado a respeito dos conteúdos que nele serão abordados, bem como dos objetivos que o autor pretende alcançar.

Síntese

Você conta, nesta seção, com um recurso que o instigará a fazer uma reflexão sobre os conteúdos estudados, de modo a contribuir para que as conclusões a que você chegou sejam reafirmadas ou redefinidas.

Indicações culturais

Ao final do capítulo, o autor oferece algumas indicações de livros, filmes ou sites que podem ajudá-lo a refletir sobre os conteúdos estudados e permitir o aprofundamento em seu processo de aprendizagem.

Atividades de autoavaliação

Com estas questões objetivas, você tem a oportunidade de verificar o grau de assimilação dos conceitos examinados, motivando-se a progredir em seus estudos e a se preparar para outras atividades avaliativas.

Atividades de aprendizagem

Aqui você dispõe de questões cujo objetivo é levá-lo a analisar criticamente determinado assunto e a aproximar conhecimentos teóricos e práticos.

Bibliografia comentada

Nesta seção, você encontra comentários acerca de algumas obras de referência para o estudo dos temas examinados.

1

Hermenêutica e linguagem: aspectos introdutórios e interfaces

Dílthey (1984), ao afirmar que a natureza se explica e a cultura se compreende, abre precedentes para a consolidação de uma área específica do conhecimento voltada para a compreensão correta das coisas. Hans-Georg Gadamer (1997), filósofo alemão que influenciou significativamente a filosofia nos últimos anos, defende que a compreensão de algo (podemos dizer também da linguagem) está fundamentalmente ligada à sua interpretação e aplicação. Desse modo, essa compreensão só será possível com uma correta interpretação, que se consolidará por meio de uma investigação sobre a origem, a produção e o uso de um signo. Mas, afinal, o que queremos com isso? Queremos tratar de uma área do conhecimento filosófico chamada **hermenêutica**. Nesse primeiro momento, vamos analisar a relação existente entre a linguagem, tema de grande relevância para a filosofia dos dois últimos séculos, e a hermenêutica, conhecida como a arte da interpretação. No desenvolvimento do texto deste primeiro capítulo, vamos explorar os aspectos históricos e epistemológicos, os quais nos darão uma visão introdutória da temática, para, em outro momento, compreender aspectos teóricos de alguns autores que foram selecionados para compor nosso itinerário. Será uma trajetória repleta de muito empenho e entusiasmo!

1.1
Filosofia, linguagem e hermenêutica: uma visão geral

No livro *A política*, Aristóteles (2009) afirma que o homem se revela um ser sociável em grau mais elevado que outros animais, que também vivem coletivamente. Isso porque o homem é um ser que fala; só ele tem a capacidade de falar articuladamente e com a consciência de que fala, ao que se sabe. O ser humano usa a palavra, que "tem por fim fazer compreender o que é útil ou prejudicial, e, em consequência, o que é justo ou injusto" (Aristóteles, 2009, p. 16).

Com base nessa ideia, e respeitando as distâncias históricas, bem como as especificidades de cada contexto de discussão, há um aspecto fundamental no modo de fazer filosofia a partir do século XX, pois está em vigor um novo estatuto: a linguagem. Assim, podemos afirmar que as preocupações da filosofia estão localizadas no nível do discurso, de sua produção, veiculação, sistematização e relação com o ser humano. Isso não significa que as questões centrais do saber filosófico tenham sido relegadas a segundo plano, mas sim que essas questões são refletidas à luz de seu surgimento no âmbito da linguagem. A ideia é fácil de ser elucidada: enxergamos uma sala por intermédio da visão, naturalmente, porém, é a linguagem que nos permite construir o mundo simbolicamente. Em outras palavras, só podemos representar a sala, seus objetos, sua estrutura e sua dimensão graças à faculdade que nos é possibilitada pela linguagem nos sentidos **sintático, semântico, pragmático** e **hermenêutico**. No entanto, apresentamos, inicialmente, a seguinte questão para você: O que esses conceitos significam?

> O ser humano usa a palavra, que "tem por fim fazer compreender o que é útil ou prejudicial, e, em consequência, o que é justo ou injusto" (Aristóteles, 2009, p. 16).

- A **sintaxe**, ou a questão lógica da proposição, é a investigação sobre as fórmulas internas da linguagem, isto é, de sua estrutura, que se explicita mediante uma linguagem simbólica. É representada por filósofos como Frege, Russell, I Wittgenstein e Carnap.
- A **semântica** refere-se às marcas dos símbolos utilizados na linguagem verbal, pois se preocupa com a questão do significado, do significante e de sua relação na ordem da linguagem verbal ou escrita. Aqui merece destaque Willian P. Alston.
- A **pragmática** tem acento maior no uso e no horizonte contextual da linguagem. Sem sombra de dúvidas, filósofos como Wittgenstein, em sua fase tardia, e mesmo John Austin, com seu conceito fundamental de "atos de fala" (atos locucionários, ilocucionários e perlocucionários), representam essa perspectiva.
- A **hermenêutica** é a arte da interpretação de textos escritos e, contemporaneamente, diz respeito às formas de comunicação (verbal e não verbal), às estruturas proposicionais, aos pressupostos comunicativos, às doutrinas do sentido e do significado (semiótica). Os autores de maior expressividade nesse movimento são Hans-Georg Gadamer, Paul Ricoeur e Gianni Vattimo.

Feito esse primeiro contato e apresentadas essas ressalvas, prosseguiremos com nossa empreitada investigativa. Nesse espaço, você poderá perceber a relação entre linguagem e hermenêutica com base em elementos históricos, epistemológicos, metodológicos e, por fim, mas não menos importantes, linguísticos.

Ao olhar para a definição inicial de hermenêutica, notamos que ela pode ser caracterizada como um **método de interpretar**. Vindo à tona como instrumento metodológico interpretativo, a disciplina é dedicada a lidar com a interpretação da ação humana que é produzida em certas condições culturais e, por isso, carregadas de significado. Isso ocorre de duas maneiras: pelas formas linguísticas – quais sejam, os textos escritos – e pelas físicas – a ação humana em si. Nesse sentido, a hermenêutica tenta fornecer de maneira eficiente um instrumento para a interpretação ao construir as condições de possibilidades geradoras do texto ou de qualquer outro objeto a que se dirige o intento interpretativo visando compreendê-lo. Para contribuir com nossas considerações, vejamos o que nos diz Schmidt (2014, p. 16) sobre a temática ao se questionar sobre o objetivo da hermenêutica:

> Qual é o objetivo da hermenêutica? Claramente desejamos compreender corretamente. Muitos afirmam que a intenção do autor é o critério para a compreensão correta. Você me diz: "Está quente lá fora!" Eu o compreendo quando compreendo qual foi sua intenção ao dizer isso. Talvez a sua intenção tenha sido apenas enunciar o fato de que está quente, e não fresco, lá fora. Ou será que a sua intenção era me dizer que está quente, e por isso desconfortável lá fora? Ou será que sua intenção era me fazer ligar o ar-condicionado? Qualquer que seja o caso, parece que eu o compreendi corretamente quando compreendi qual era a sua intenção com essas palavras.

A palavra *hermenêutica*, tratando no sentido etimológico, isto é, dos vocábulos que originam outros, é de origem grega. Sua tradução assume algumas variantes em nosso idioma: *declaração, esclarecimento, anúncio, interpretação, tradução*. Como afirmamos anteriormente, você pode notar que essa área do conhecimento se propõe a nos levar a **compreender algo** ou mesmo a **torná-lo acessível**.

A título de consideração e sem delongas, vamos recorrer brevemente à mitologia grega para que você possa perceber a dívida histórica que o conceito carrega. Em seu texto *Hermenêutica filosófica: entre a linguagem da experiência e a experiência da linguagem*, e nessa perspectiva de análise acerca da mitologia, Luiz Rohden (2002, p. 21) afirma que, "na esteira da concepção de hermenêutica [...], o mito não pode ficar relegado à pré-história da filosofia". A referência que tomamos é a do deus Hermes. Você já ouviu falar sobre ele? Ele é conhecido como o mensageiro de todos os deuses e aquele a quem, segundo a cultura grega antiga, atribuímos a responsabilidade pelo surgimento das linguagens falada e escrita, da comunicação e do entendimento humano.

Se os gregos antigos necessitavam do deus para compreender o sentido de uma expressão, os séculos precedentes desenvolveram técnicas para interpretar, em um primeiro momento, os textos sagrados (Bíblia) e, noutro, os textos filosóficos e literários de maneira objetiva e técnica. Nesse ínterim, é pertinente apontar

> Interpretar é uma realidade essencial aos seres humanos, visto que a linguagem é a nós inerente e dela fazemos uso constante.

que a interpretação ocorre tendendo para o correto entendimento do sentido que a palavra assume no texto. Quando tomamos os textos clássicos da Antiguidade ou mesmo os da atualidade, nossa intenção é compreender efetivamente o que uma expressão significa naquela situação e os elementos que a produziram. Tecnicamente, a hermenêutica é uma *ciência* (não no sentido literal da expressão), mas de interpretação do significado e do valor de um signo.

Interpretamos uma série de coisas: poemas, peças teatrais, filmes, canções. Também são objeto de nossa interpretação os textos das religiões: a Torá, a Bíblia, o Alcorão, entre outros. Tomar esses textos a título de interpretação e construir uma hipótese ou teoria de que algo está disposto desta ou daquela maneira é uma habilidade técnica hermenêutica. Aproximando a questão e mostrando que interpretar é um ofício constante em nosso dia a dia, destacamos a interpretação que um maestro faz de uma peça musical, ou aquela que os tribunais de justiça fazem na aplicação da lei, ou as regras enunciadas por um autor para ler um texto, como é possível notar nas teorias literárias. Dessa forma, podemos perceber que interpretar é uma realidade essencial aos seres humanos, visto que a linguagem é a nós inerente e dela fazemos uso constante.

Provavelmente, a hermenêutica, em uma perspectiva generalista de interpretação, tenha nascido com a capacidade do ser humano de falar. O desenvolvimento da escrita e de estruturas mais complexas do discurso tornou necessária e frequente a interpretação. Não é de nossos dias a preocupação com a correta compreensão interpretativa. A Antiguidade está repleta de teorias hermenêuticas que procuram atender a disciplinas específicas do conhecimento. Enumeramos três delas:

1. **Hermenêutica legal** – Voltava sua atenção para a correção no ato de interpretar a lei para evitar infortúnios ou equívocos.
2. **Hermenêutica bíblica** – Procurou elaborar regras para a interpretação efetiva e coerente da Bíblia, intentando a correta informação acerca daquilo que Deus estaria comunicando no texto.
3. **Hermenêutica filológica** – Com sua inscrição no Renascimento do século XIV, esse movimento concentrou seus esforços em interpretar os textos clássicos da Antiguidade.

Ao nos depararmos com uma equação matemática, ou talvez um sinal de trânsito, ou sabemos o que significa, ou não. Na ciência, a garantia da hipótese é dada pela ocorrência do evento, como é o caso da lei da gravidade ou do princípio da força. Mas por que as teorias científicas não assumem o mesmo *status* interpretativo que a obra *Fédon*, de Platão? Se uma pessoa assevera: "Tome cuidado! Um elefante africano!", é necessário que o interlocutor interprete o que essa pessoa quer dizer. Ou ele correria imediatamente para se proteger? Se o interlocutor estivesse em uma savana africana, poderia cogitar correr, mas, estando no restaurante, em um prédio no centro da cidade de São Paulo, talvez iniciasse um processo interpretativo que, certamente, culminaria com um olhar de recriminação caso não percebesse a ameaça iminente do grande mamífero.

São apenas textos complexos e de difícil compreensão que devem ser objeto de uma interpretação técnica? Nesse sentido, destacamos que as técnicas e regras hermenêuticas começaram a ser discutidas. A compreensão de qualquer coisa envolverá interpretação. Portanto, a hermenêutica, como escola filosófica, tenta explicitar o sentido, a validade, a atualidade e a importância de um objeto, não importando sua natureza. Tal procedimento se justifica em razão da linguagem e da experiência.

A Hermenêutica é um procedimento metodológico e filosófico que pressupõe a percepção de um objeto por parte de outro sujeito detentor de uma língua e, por conseguinte, de uma cultura que pode ser notada nas construções linguísticas, sociais, políticas, científicas, econômicas, religiosas, entre outras. Essa disciplina teria por objetivo entender e perceber um objeto com base na visão de alguém que fala desse mesmo objeto. Seria uma forma de se colocar, por meio da imaginação, no papel do observador, o qual, carregado de experiências culturais e sensitivas, fala sobre esse mesmo objeto. Trata-se de uma tentativa, portanto, de desvendar de modo técnico a maneira da descrição que alguém faz de um objeto. A interpretação é uma tarefa eminentemente imaginativa e não pode deixar de trabalhar em concomitância com a historicidade.

1.2
Hermenêutica e historicidade

Tendo em vista que a interpretação caminha em sintonia com a cultura, não podemos desvincular essa mesma interpretação do contexto de ocorrência do fato ou da construção de um conceito. A compreensão de qualquer coisa sempre será dada historicamente. Nossa intenção, a partir deste momento, é desvendar a relação que existe entre a hermenêutica – o trabalho interpretativo – e a historicidade – o fluxo e o desenvolvimento da história.

Uma questão interessante é: Como interpretar textos ou fatos muito distantes de nós (no sentido temporal, linguístico, político, social, cultural)? Há uma lacuna, um abismo expressivo entre a cultura que interpreta e aquela que é interpretada, e isso, de certa maneira, precisa ser resolvido para que alcancemos o máximo do sentido do objeto em questão. A hermenêutica surge no horizonte para tentar superar essa distância espaço-temporal quando da necessidade da compreensão de algo e, principalmente, para não deixar que os elementos do passado sejam obscurecidos pelos valores situados no presente.

Em ambas as situações, a preocupação se localizará na necessidade de compreender o sentido global que será construído pelos aspectos particulares do fato. Ao final do processo, a hermenêutica permitirá, com sua metodologia, configurar o sentido das partes ao sentido do todo. Essa perspectiva – aqui fazemos um adendo ao texto e depois você poderá notá-lo nas teorias analisadas – será assumida por praticamente todos os hermeneutas a partir da Modernidade, cada qual com suas especificidades ao tratar da disciplina. No exemplo a seguir, ao pensar sobre a relação parte e todo na construção do sentido, certamente essa ideia ficará mais clara:

> Ao acordar com o sinal de alerta de um despertador, depois de algum tempo, o sujeito toma consciência de si, de sua vida naquele momento, das atividades que serão desenvolvidas naquele dia, das vontades e dos desejos para aquele dia, das tarefas que são sua responsabilidade.
>
> Você pode notar, com isso, que a interpretação do sinal disparado pelo aparelho desencadeou um processo de interpretação e a tomada de consciência da vida naquele momento. A interpretação de um evento particular construiu o sentido para o todo.

Assim, a reconstrução dos eventos textuais ou mesmo factuais (literários, filosóficos, científicos, religiosos) exigirá uma capacidade imaginativa por parte do intérprete. A realidade e a ficção convergirão na perspectiva da construção do sentido de um evento, salvaguardando, obviamente, os critérios metodológicos da disciplina. Estará em jogo, pois, um exercício de compreensão que precisa ir além do momento presente, o qual está marcado por um conjunto de valores estabelecidos.

Convido você, que nos acompanha no texto, a notar o desafio do método hermenêutico: tentar compreender, fora do seu tempo, símbolos, gestos, palavras, ou seja, outra realidade. Mas como superar o hiato que persiste necessariamente entre culturas distintas e distantes temporalmente? Ora, uma resposta possível ou chave de leitura viável seria a **compreensão**. É diante dessa perspectiva que podemos situar a linguagem, segundo Marcondes (2012, p. 127), como "elemento estruturador da experiência humana" e, portanto, instrumento de construção e compreensão da realidade e, sem prejuízo, da história.

À vista do que apresentamos até agora, é importante sinalizar que a história da humanidade, ou, melhor dizendo, a história do ser humano, não pode ser encerrada por uma relação de causa e efeito capaz de ser descrita com fórmulas matemáticas. A história traz consigo a dimensão do **sentido**, que é organicamente dado pelas ações humanas e por suas construções simbólicas. Diferentemente do cientificismo, que assume a possibilidade de falar sobre o humano embasado nas leis da causalidade, deixando de lado o contingente e o particular, a história trata da dimensão única da vida, o constante **vir-a-ser**. Perceba que essa questão do sentido e da historicidade é de grande relevância, pois nos permite tratar efetivamente do método hermenêutico quando de sua aplicação. Palmer (1997, p. 123) sinaliza aspectos interessantes sobre o dado *compreensão* como base do método hermenêutico.

> O homem é visto na sua dependência relativamente a uma interpretação constante do passado, e assim, quase poderíamos dizer que o homem é o "animal hermenêutico" que se compreende a si próprio em termos de interpretação de uma herança e de um mundo partilhados que o passado lhe transmite, uma herança constantemente presente e ativante em todas as suas decisões.

Essa citação traz à luz a ideia de que o homem, ao construir um discurso sobre si, não está descrevendo a si, mas interpretando. Isso ocorre por meio da compreensão das razões imanentes nos atos individuais que são reflexos nos coletivos em dado momento da história. A formulação de um discurso narrativo é, antes da compreensão de si mesmo e de suas construções histórico-culturais, explicativa – própria dos saberes matemáticos. O discurso explicativo – queremos fazê-lo perceber essa distinção – olha para o mundo e, ao observá-lo, toma-o como uma teia de relações processadas pela causalidade em que o sentido aparecerá apenas, e tão somente, de forma psicológica.

Mas o que isso significa? Fundamentalmente, podemos dizer que os saberes chamados de *científicos* (agora no sentido literal da expressão) afirmam que um grupo de humanos ou determinada comunidade tem a capacidade de perceber um ato ou objeto como detentor de um significado, no entanto, para a ciência, não existe como afirmar que um objeto ou uma ação seja detentora deste ou daquele sentido. Tal perspectiva pode ser traduzida do seguinte modo: o modelo mecanicista-cartesiano-indutivo, relacionado aos aspectos metodológicos das ciências empíricas, embora consiga explicar a história humana, não dá conta de compreendê-la no sentido de apreender sua significação. Em última análise, a hermenêutica como saber histórico está além dos fatos empíricos e, por isso, torna-se apta a elaborar discursos narrativos dotados de sentido sobre todos os aspectos e manifestações da vida humana. A Hermenêutica é, portanto, uma disciplina histórica e, sendo assim, formuladora de sentido para seu objeto.

Essa perspectiva é devedora de Schleiermacher (2000), mas vamos dispensar uma atenção maior a sua filosofia hermenêutica mais adiante. Por ora, o que devemos ter em mente é que a hermenêutica é um saber histórico e está em relação direta com a compreensão e o sentido de alguma coisa. Esse é o aspecto central de nossa discussão nesta seção, pois dá a dimensão estrutural do método interpretativo como saber notavelmente filosófico. O âmbito do sentido geral, na perspectiva da hermenêutica filosófica, é aquele dado pela interpretação, bem como pela compreensão.

A todo instante estamos interpretando. Você não concorda com isso? Acordado ou adormecido, com pouca ou muita consciência, sempre procuramos por um sentido que nos permita compreender o mundo em que vivemos. Além disso, como humanos, constituímo-nos nesse mesmo mundo e estamos construindo cultura. *Interpretar* é uma tentativa de determinar efetivamente o sentido de algo. Em uma ótica mais técnica, poderíamos dizer que é uma tentativa de desvelar ou mesmo adivinhar o sentido de algo por meio de um método de inferência, isto é, passar daquilo que se sabe de forma completa ou parcial para aquilo que não se conhece de forma completa ou parcial. Interpretamos os gestos, as palavras, as imagens, os fatos. *Interpretar* é, em outras palavras, um modo de ser, pois nossa vida é essencialmente o processo por meio do qual formulamos juízos acerca daquilo que constitui nosso modo de ser.

É fato que, em todas as situações do cotidiano, realizamos interpretação. Ora, sendo assim, procuramos, por meio dessa interpretação, uma compreensão daquilo que apreendemos por intermédio da leitura, dos sons ou das imagens. Nesse sentido, há, nessa espécie de mecanismo de funcionamento do ato interpretativo, uma preocupação em estabelecer um processo comparativo, ou seja, relacional, entre objetos. É no interior dessa relação que podemos, ao analisar as partes selecionadas, assegurar uma correta interpretação.

Essa correta interpretação seria uma compreensão carregada de sentido, razão por que a hermenêutica se estabelece mediante uma relação dialética entre o humano e sua história com o objeto a ser interpretado e, destarte, tensiona para um terceiro momento, que vem à tona como espaço ou possibilidade interpretativa, em uma espécie de superação do binarismo da lógica ou das ciências matemáticas. Ao estabelecer o processo interpretativo, levamos em consideração o elemento histórico do objeto, e isso significa a tomada de consciência que nos leva à construção da compreensão de algo.

> *Interpretar* é uma tentativa de determinar efetivamente o sentido de algo. Em uma ótica mais técnica, poderíamos dizer que é uma tentativa de desvelar ou mesmo adivinhar o sentido de algo por meio de um método de inferência.

Essa tomada de consciência, à época dos gregos antigos, foi o abandono radical do comportamento que apelava aos deuses para justificar o sentido de algo.

A noção de *sentido* – você já pôde perceber – é elementar na hermenêutica. Apesar de existir uma diferença entre os conceitos de *sentido* e de *significado*, a hermenêutica lida com ambos, embora a questão do sentido, para a hermenêutica filosófica, seja uma opção metodológica. A primeira noção nos remete a um aspecto que denota condição existencial, já a segunda se interpela pelas condições estruturais. Temos uma linguagem com significado e sentido. O significado é a voz em si, isto é, os sons emitidos. O sentido pode ser traduzido como os conteúdos veiculados por esses mesmos sons, pois há historicidade, uma ou muitas vivências por trás de sua elaboração.

A atividade filosófica é um procedimento fundamentado nessa concepção de sentido, pois ela, além de operar no nível do entendimento, no nível cognitivo propriamente dito, transcende-o e lança-se na direção da imaginação. É por isso que, ao tomarmos a Hermenêutica a título de análise, percebemos uma disciplina intimamente ligada à atividade filosófica. É nesse sentido que, ao pretendermos interpretar e, por conseguinte, compreender algo, sempre o fazemos na perspectiva de uma hermenêutica filosófica. Em última instância, como parte de toda essa problemática, as formulações hermenêuticas preocupam-se em dar sentido a nossos modos de ser, de viver, de sentir e de criar. Isso tudo só pode ser feito com base na historicidade, e é nesse ponto que a hermenêutica é dependente da constituição da história, a qual nos permite empreender múltiplas interpretações.

Nossa explicitação flerta com as contribuições de Emerich Coreth, um teórico hermeneuta do século XX: "uma obra ou um evento histórico nunca pode ter uma explicação causal adequada; devem, antes, ser compreendidos em seu sentido e por seu contexto de sentido" (Coreth, 1973, p. 59). Desse modo, um caminho de análise é indicar que a hermenêutica filosófica tem por pretensão compreender o passado do humano à luz de suas obras, ações e decisões. O tempo é fator preponderante aqui e, por isso mesmo, respeitados os distanciamentos necessários, a história é instância mediadora. Fundamentalmente, teríamos a seguinte sistemática ao tratar e analisar as instâncias que orientam e determinam a hermenêutica filosófica:

- **Interpretar** – Modo próprio de conhecer com base em representações.
- **Compreender** – Instância que estabelece a relação entre objetos.
- **Sentido** – Processo que formula as razões para orientar as perspectivas epistemológicas sobre algo.
- **História** – Associada às construções conceituais e materiais da experiência humana.

Diante desse contexto, constatamos que o procedimento hermenêutico não ocorre de forma meramente abstrata. É por já tomarmos parte do conhecimento de algo que o entendemos e o compreendemos, mas, antes de tudo, foi tarefa do mundo determinar nosso modo de ser e de se projetar nele. Somos seres históricos, pois temos uma vivência prévia da realidade. Com isso, a hermenêutica mostra que não podemos tratar os outros, o mundo, as obras, a cultura, a vida como instituições ou realidades alheias a nós. No procedimento hermenêutico filosófico, é a vida humana, ontologicamente, que está no centro, tomando por fundamento a interpretação, a compreensão, o sentido e, por fim, a história.

1.3
Hermenêutica e verdade

Você sabe o que significa *arqueologia*? Em linhas gerais, o conceito quer nos apresentar um método de investigação que se propõe a vasculhar as origens de algo, isto é, seu passado, observando elementos materiais no intuito de entendê-lo. Ao investigar as origens, torna-se possível entender como algo se formou, foi produzido. Desse modo, vamos reconstruindo seu sentido e esse mesmo sentido comunicará algo de verdadeiro sobre a coisa. O conceito de **verdade** é fundamental para a experiência humana, pois possibilitará ao humano trabalhar conceitualmente com a realidade. É dessa forma que queremos relacionar o método hermenêutico à verdade. Uma interpretação correta de algo nos permite entender seu sentido e, por conseguinte, sua verdade; no entanto, a verdade sempre está condicionada a um momento histórico, a um contexto, a uma cultura, a uma sociedade. Como a vida é movimento e produz a história, e como a história produz a verdade (na condição de acontecimento), a verdade também é movimento. Aquela ideia nietzschiana de que tudo é interpretação, nesse caso, é bastante válida.

Ao olhar para um conceito, para a cultura ou para um texto, será possível, por meio do **método arqueológico**, escavar sobre o sentido original de algo, e isso só acontecerá com o acesso aos elementos justapostos do objeto que se mostram por intermédio das inúmeras interpretações. Assim, para entender o sentido de um texto, é preciso retomar suas referências culturais de estilo, de fala, de sociedade, de época; então, teremos um acesso privilegiado àquilo que o texto quer nos comunicar, mas considerando os aspectos de seu surgimento.

Você deve lembrar que falamos, anteriormente, a respeito da distância envolvida na interpretação de alguns textos ou de algumas situações. Em alguns casos, é impossível superar essa distância no sentido de poder vivenciar a realidade ou mesmo trocar ideias com o autor de uma obra ou com os protagonistas de uma situação. Ao menos nessa hipótese, você deve concordar que as experiências que construíram e moldaram a situação são inacessíveis a nós, a não ser por relatos orais, dados biográficos, registros textuais. Há, portanto, uma distância cultural imposta, de universos distintos, de formas de vida completamente diferentes. Isso dificultará significativamente o acesso ao sentido original de algo.

A tomada de consciência dessa distância que separa um objeto interpretado de um sujeito que o interpreta é fundamental para que o processo hermenêutico se desenvolva efetivamente. É um processo que busca "desenterrar" – em uma perspectiva arqueológica – o sentido original de alguma coisa, pois, muitas vezes, há um sobrepujamento de compreensões errôneas, preconceitos linguísticos ou culturais que se consolidaram no decorrer da história ou de uma tradição. Um texto, por exemplo, com um sentido A e em determinado momento da história é interpretado de forma B por mais de 20 séculos: a interpretação de forma B se consolidará e aquele sentido A ficará perdido até algum sujeito notar um equívoco na interpretação e resgatar o sentido original do texto.

É interessante sinalizar, nessa relação em análise entre hermenêutica e verdade, a importância da filosofia de Gadamer ao estabelecer as bases para uma teoria hermenêutica. Vamos fazer apenas algumas considerações aqui para pensar acerca de nossa temática, pois a hermenêutica de Gadamer voltará a receber um tratamento verticalizado mais adiante em nosso texto. Nos capítulos posteriores, você poderá notar que Gadamer seguirá no caminho da hermenêutica heideggeriana, que rompe com a tradição que associa a verdade ao método. Essa perspectiva teve sua expressão maior em Dilthey (1984).

A obra que marca o pensamento de Gadamer é *Verdade e método* (1997), mas, para alguém que não conhece o autor, pode haver o entendimento equivocado de seu objetivo ao escrever esse texto. Em suma, ele quer apontar que é errôneo imaginar um método determinado e específico para o processo de compreensão. A hermenêutica não é, segundo sua filosofia, um procedimento dogmático de interpretação, mas um formato que nos permite organizar nosso modo de atribuir sentido às coisas do mundo.

De certa forma, a hermenêutica é um processo interpretativo que possibilita trabalhar com uma superação de ordens temporal e histórica quando de sua expressão textual. Com isso, podemos notar que a tese sustentada pela filosofia de Gadamer (2001, p. 81) defende que "um pensar verdadeiramente histórico deve pensar também sua própria historicidade".

À vista de tudo o que explicitamos anteriormente, torna-se evidente que o filósofo não tem a pretensão de oferecer um método que revele o sentido de algo, e sim tornar claro o modo dos sujeitos de atribuir sentido a suas atividades. É uma relação entre o intérprete e a coisa. Não existe um sentido oculto, mas um sentido que é produzido por meio de uma atividade hermenêutica, a qual faz o sujeito interpretante se impor diante do objeto interpretado no intuito de reconstruir seu sentido.

Um desdobramento que podemos considerar – e este é um caminho possível para a reflexão – é o de que, inclusive o sentido, originalmente empreendido pelo autor de (vamos usar como exemplo) um texto, não deve ser objeto de busca e tomado como o verdadeiro. Em outras palavras, o sentido de algo não pode ser entendido apenas como mera reprodução, mas como um processo que se constrói por meio de um jogo, pois é guiado por regras; no entanto, por esse mesmo motivo, o jogo pode ser jogado de diferentes formas. Assim como o método hermenêutico, todo jogo se caracteriza por uma abertura nos modos de procedimento.

> De certa forma, a hermenêutica é um processo interpretativo que possibilita trabalhar com uma superação de ordens temporal e histórica quando de sua expressão textual.

Você certamente já notou que, por meio da hermenêutica, nos abrimos a uma compreensão do outro, por aquilo que ele produziu e sobre o qual empreendeu algum sentido. No esteio dessa afirmação, Gadamer (2001, p. 73) afirma que "a tarefa da hermenêutica é esclarecer o milagre da compreensão, que não é uma comunicação misteriosa entre as almas, mas participação num sentido comum". Isso quer dizer, retomando a relação trabalhada neste momento, que todo sentido só pode ser entendido de forma figurada, ou seja, o sentido das coisas não está nelas mesmas, mas se produz na interpretação, inclusive pelo produtor da obra. Do ponto de vista hermenêutico, a verdade é relativa a uma tradição; as pretensões de verdade estão no nível cultural.

Há, entretanto, a ideia de que alguma tradição seja melhor que outra. Isso é herança da cultura que nos formou. Não obstante, devemos, na hermenêutica, estar cientes de que, apesar da necessidade de pertencimento cultural para qualquer compreensão, não podemos requerer que a universalidade extrapole nossos limites culturais. A verdade, a própria compreensão e a interpretação são instâncias que se mostram conforme dado contexto. O **discurso** tem sua validade conferida à medida que ele está em sintonia com seu momento histórico, bem como com a subjetividade que é construída por esse mesmo momento.

É fundamental ter em mente que a verdade que se proponha universal, fixa e imutável não é simpática e, portanto, não ganha espaço no pensamento da hermenêutica, muito embora a ideia de *verdade* seja um elemento operacional que viabiliza e valida a interpretação. A hermenêutica, contudo, não se presta a negar a validade de métodos de caráter interpretativo, ela quer propor uma compreensão histórica a partir das tradições. Ora, a disciplina também não intenta superar os métodos de interpretação que subsistem; o que se quer é entender, de forma adequada, como as metodologias interpretativas operacionalizam o processo da compreensão e, por meio disso, não permitir que o sujeito que interpreta esteja alheio à sua historicidade.

1.4
Hermenêutica e linguagem

A *hermenêutica, entendida* como método que nos permite a compreensão e, ao mesmo tempo, a interpretação, ou como método filosófico que tem por objetivo compreender a experiência do humano no mundo, está relacionada diretamente com o entendimento, a compreensão e a interpretação da linguagem. Mas o que efetivamente é interpretar um texto? É possível pensar que o ato de interpretar, ou o método hermenêutico em si, é um processo no qual o intérprete se coloca em diálogo com o texto, dirigindo-lhe perguntas, sendo questionado por ele e, naturalmente, imbuído por um processo de pré-compreensão, aspecto fundamental para o ingresso no **círculo hermenêutico** – em que se compartilha o falar e o ouvir de forma recíproca.

Onde habitaria o sentido do discurso? Pensar o método hermenêutico por meio de uma filosofia da linguagem nos parece uma saída possível para essa questão. É importante ter clara a noção de que a interpretação do mundo sempre estará situada em um fenômeno de ordem linguística, no sentido de que o ato interpretativo é uma atribuição de sentido. É na linguagem que reside todo o sentido das coisas. A compreensão filosófica da realidade invariavelmente passa por uma compreensão da linguagem. Toda hermenêutica, portanto, é um processo reflexivo em que tomamos a linguagem como objeto na tentativa de buscar uma compreensão para além das descrições linguísticas das coisas.

A filosofia, como uma área do conhecimento que sempre buscou a verdade, tradicionalmente se afastou da linguagem como um local seguro para investigação e obtenção da verdade. Isso ocorreu pelo fato de que a linguagem, para toda a história do pensamento, nos engana. Nesse sentido, para eles, só seria possível o acesso à verdade fora da linguagem. Esse cenário muda quando a linguagem, a partir do século XX, assume o estatuto ontológico das discussões filosóficas. A filosofia da linguagem tenta estabelecer a compreensão como um processo vinculado à linguagem, tomando por base a ideia de que ela é o meio em que estabelecemos acordos entre os sujeitos falantes. Consequentemente, firmamos um acordo de compreensão sobre as coisas. Isso implica, por fim, que a compreensão imediata de algo é impossível, tendo em vista que essa mesma compreensão só ocorre *na* e *pela* linguagem.

> É na linguagem que reside todo o sentido das coisas. A compreensão filosófica da realidade invariavelmente passa por uma compreensão da linguagem.

> Antes de qualquer entendimento, filosófico ou científico, o mundo já nos é dado por meio de uma construção interpretativa advinda da linguagem.

Ora, o aspecto que apresentamos há pouco está relacionado à perspectiva de dois importantes filósofos para o pensamento hermenêutico, quais sejam, Gadamer e Heidegger. Não dispensaremos uma atenção para eles no momento, pois vamos abordá-los em capítulos posteriores. Fizemos referência a eles aqui para indicar que a ontologia de Heidegger (2008) e a de Gadamer (1997) se aproximam quando defendem que o homem é um **ser-no-mundo**. Em outras palavras, o homem não existe como uma realidade em si mesma, separada do aspecto temporal; existe uma humanidade que ocorre apenas, e tão somente, no espaço do mundo e à medida que o homem tem compreensão de si, do mundo e se abre à compreensão de si nesse mesmo mundo.

O mundo, diferentemente daquilo que se pensou por muito tempo, é composto de uma rede de significados, e não apenas de objetos empíricos, e isso é dado pela possibilidade de a compreensão humana se abrir a um processo reflexivo. Em outros termos, o mundo, ao ser composto desse entrelaçamento de significados – e porque os significados são expressos linguisticamente –, obriga-nos a pensá-lo por meio da linguagem. Nesse sentido, o mundo não se constitui apenas quando vem de encontro à manifestação da linguagem, mas esta se efetiva como instrumento de representação do mundo, não só objetiva, mas significativamente, no sentido de produzir reflexão, compreensão, interpretação e sentido.

Tudo isso só faz sentido se entendermos que a linguagem não pode ser tomada em seu aspecto designativo, mas reflexivo. A primeira ideia nos leva à perspectiva de olhar para a linguagem como um instrumento de descrição do fato de forma extralinguística; e a segunda nos leva à perspectiva representativa do mundo, em que, além da descrição dos fatos por meio da linguagem, compomos interpretações desses mesmos fatos. Inúmeros teóricos, especialmente os filósofos da linguagem e os filósofos da mente, defendem que a realidade é fundamentalmente linguística, justamente pela razão de que somos habitantes da interpretação de mundo, ou daquilo que chamamos de *realidade*.

Com isso, temos diante de nós a linguagem como um instrumento efetivo de interpretação do mundo que o abrange em sua pluralidade de existências, no que se refere a coisas, conceitos, sistemas, métodos. Não é possível, no entanto, deixar de lado o processo interpretativo, levando-nos a afirmar que este, no sentido de compreensão, é insubstituível. O fato é que antes de qualquer entendimento, filosófico ou científico, o mundo já nos é dado por meio de uma construção interpretativa advinda da linguagem.

A compreensão, bem como a interpretação, somente se orientará pelo consenso entre os sujeitos praticantes de uma linguagem. O **consenso** de que falamos se refere à questão de significados; por sua vez, a **verdade** da coisa que se interpreta se constrói por um processo de reconstrução do sentido. A seguinte hipótese é interessante para ser explorada: a compreensão só é um estranhamento à medida que ela se constitui como uma falência no entendimento do outro em um sistema intersubjetivo, o que faria com que o interpretante se lançasse na opinião do interpretado objetivando alguma racionalidade e, por conseguinte, a verdade do discurso do outro. Na seção anterior, havíamos tratado a respeito da forma com que a hermenêutica é introduzida como um método do presente, na tentativa de encontrar um sentido que está no passado ou, até mesmo, no presente e envolve os seres do presente (que interpretam) e do passado (interpretados) ou, ainda, seres do presente que interpretam e são interpretados. Noutros termos, a compreensão é um movimento daquilo que é compreendido.

Ao tratarmos da hermenêutica como um método que se contrapõe à noção de *verdade* na condição de correspondência, abrem-se alguns precedentes, entre eles o de que a hermenêutica não pode se constituir um método científico, na medida em que este tem por objetivo tratar da realidade objetivamente, tendo em vista que todo discurso veiculado pela ciência se propõe a descrever os fatos empíricos.

A verdade como correspondência, na acepção técnica, é um expediente que postula a correção e a equiparação de uma frase e as coisas do mundo. Tal produto pode ser verificado efetivamente quando do estabelecimento do espaço de observação do mundo. A hermenêutica demonstra sua incompatibilidade com o modelo do discurso científico porque a verdade presente no discurso hermenêutico não se realiza pelo aspecto correspondencial do discurso com o real, mas pelo estabelecimento de sentido dos enunciados com a cultura em que se insere o falante. Em um aspecto amplo, Rohden (2002, p. 75) explicita:

> *A linguagem filosófica [e, por que não, a linguagem hermenêutica] não pode ser reduzida a um conjunto de sentenças ou símbolos matemáticos, pois ela não é tanto um objeto, mas a realização do nosso ser aí, do que pensamos, desejamos e somos. Por isso, a hermenêutica – em primeira e última análise, [...] – não se sustenta apenas no uno, no eterno ou no necessário, mas nasce da inter-relação e imbricamento desses com o múltiplo, com o temporal e com o contingente, interligando-os numa totalidade.*

Assim, podemos dizer que a **experiência *do* e *no* mundo** é um princípio elementar na hermenêutica. O aspecto cultural, especialmente entendendo-o como construção linguística, é fator preponderante para o pensamento hermenêutico. Nesse sentido, é fato que não há um lugar de neutralidade naquilo que se explicita na fala, e apesar de, em alguns casos, supormos ter superado preconceitos culturais, ideológicos ou semióticos e ingressado em formas linguísticas diferentes, jamais teremos abandonado a visão de mundo que nos formou. Costumamos brincar – entenda isso como uma metáfora – que, ao olhar para um exame médico, o oncologista verá um câncer, um neurologista verá um problema no sistema nervoso central e um infectologista verá uma infecção. O pensamento do homem, sua visão de mundo, é condicionado por sua história e nunca deixaremos de habitar essa realidade simbólico-representativa de significados, pois é nela que vivemos. A produção de sentido advém de um processo de compreensão de si e de seu meio, e isso não nos livra do círculo que condiciona e molda nossa subjetividade, mas favorecerá uma relação de clareza com o mundo.

Síntese

Neste capítulo, tecemos uma abordagem introdutória e técnica da hermenêutica. Fundamentalmente, agora já temos em mente que a hermenêutica é um procedimento interpretativo dirigido para a realidade e, por meio disso, compreendemos a própria compreensão. Compreender e interpretar são procedimentos envolvidos no método hermenêutico, e constatamos que tal método não é entendido no sentido científico, pois se insere em uma estrutura diferente. Não é possível interpretar algo se afastando de sua perspectiva de mundo, ou melhor, não é possível abrir mão de sua inscrição de mundo para interpretar algo. Todas as vezes que olhamos para algo e tentamos compreendê-lo hermeneuticamente, nós o fazemos sob a perspectiva do mundo que nos formou. Por meio da hermenêutica, é possível socializar impressões, ideias, conceitos e significados que se apresentam a nós à medida que a reflexão e o diálogo ocorrem. Posicionamentos divergentes devem ser tomados e aceitos como elementos de interpretação e compreensão daquilo que nos faz divergir do outro e de sua visão de mundo. Não obstante, a hermenêutica se aproxima do método científico, pois este deve coletar e interpretar dados intentando alguma compreensão.

Em suma, podemos apresentar quatro teses fundamentais presentes neste capítulo:

1. **Filosofia da linguagem e hermenêutica** – Entre os tipos e os métodos em filosofia da linguagem, a hermenêutica se refere à arte da interpretação de textos escritos e, contemporaneamente, inclui nessa interpretação as formas de comunicação (verbal e não verbal), as estruturas proposicionais, os pressupostos comunicativos, as doutrinas do sentido e do significado (semiótica).
2. **Hermenêutica e historicidade** – É necessária a compreensão do sentido global, que será construído mediante os aspectos particulares do fato. Ao final do processo, a hermenêutica permitirá,

com sua metodologia, configurar o sentido das partes ao sentido do todo. Essencialmente, há quatro aspectos envolvidos: interpretação, compreensão, sentido e história.

3. **Hermenêutica e verdade** – O sentido das coisas não está "nelas mesmas", mas se produz na interpretação, inclusive pelo produtor da obra. A verdade, do ponto de vista hermenêutico, é relativa a uma tradição. As pretensões de verdade estão no nível cultural. Na hermenêutica, é preciso estar ciente de que, apesar da necessidade de pertencimento cultural para qualquer compreensão, não devemos requerer que a universalidade extrapole nossos limites culturais. A verdade, a própria compreensão e a interpretação são instâncias que se mostram conforme dado contexto.

4. **Hermenêutica e linguagem** – A compreensão, bem como a interpretação, somente se orientará pelo consenso entre os sujeitos praticantes de uma linguagem. O consenso se refere à questão de significados, e a verdade da coisa que se interpreta se constrói por um processo de reconstrução do sentido.

Indicações culturais

As indicações a seguir propiciam o aprofundamento dos conteúdos trabalhados ao longo deste capítulo. Sugerimos diferentes obras que trazem aspectos fundamentais da hermenêutica, a fim de estimular o pensamento sobre a temática.

Filmes

Doze homens e uma sentença. Direção: Sidney Lumet. EUA: FOX/MGM Pictures, 1957. 96 min.

O Mercador de Veneza. Direção: Michael Radford. EUA: Sony Pictures Classics, 2004. 138 min.

Livros

> CORETH, E. **Questões fundamentais de hermenêutica**. São Paulo: EPU/Edusp, 1973.
>
> MARCONDES, D. **Filosofia, linguagem e comunicação**. 5. ed. São Paulo: Cortez, 2012.
>
> PALMER, R. E. **Hermenêutica**. Lisboa: Edições 70, 1997. (Coleção O Saber da Filosofia, v. 15).
>
> ROHDEN, L. **Hermenêutica filosófica**: entre a linguagem da experiência e a experiência da linguagem. São Leopoldo: Ed. Unisinos, 2002. (Coleção Ideias).
>
> SCHMIDT, L. K. **Hermenêutica**. 3. ed. Petrópolis: Vozes, 2014. (Coleção Pensamento Moderno).

Atividades de autoavaliação

1. Rohden (2002, p. 75) propõe a seguinte análise: "a linguagem hermenêutica não pode ser reduzida a um conjunto de sentenças ou símbolos matemáticos, pois ela não é tanto um objeto, mas a realização do nosso ser aí, do que pensamos, desejamos e somos. Por isso, a hermenêutica – em primeira e última análise, [...] – não se sustenta apenas no uno, no eterno ou no necessário, mas nasce da inter-relação e imbricamento desses com o múltiplo, com o temporal e com o contingente, interligando-os numa totalidade". À luz de suas considerações e de forma ampla, a hermenêutica pode ser entendida como um método de:
    a) senso comum.
    b) ciência.
    c) tecnologia.
    d) interpretação.
    e) Nenhuma das alternativas anteriores está correta.

2. Marque V para as afirmações verdadeiras e F para as falsas:
   ( ) A sintaxe, ou a questão lógica da proposição (representada por filósofos como Frege, Russell, I Wittgenstein e Carnap), representa a investigação das fórmulas internas da linguagem, isto é, de sua estrutura, que se explicita por meio de uma linguagem simbólica.
   ( ) A hermenêutica não se refere à arte da interpretação de textos escritos e, contemporaneamente, apenas inclui as formas de comunicação (verbal e não verbal), as estruturas proposicionais, os pressupostos comunicativos, as doutrinas do sentido e do significado (semiótica).
   ( ) A semântica refere-se às marcas dos símbolos utilizados na linguagem verbal (com destaque para Willian P. Alston), pois se preocupa com a questão do significado, do significante e de sua relação na ordem da linguagem verbal ou escrita.
   ( ) A pragmática é a área de estudos sobre a linguagem que se preocupa com a estrutura lógica dos enunciados e deixa de lado a questão dos usos e do horizonte contextual da linguagem.

   Assinale a sequência correta:
   a) V, V, V, F.
   b) V, F, V, F.
   c) F, F, F, V.
   d) V, V, F, F.
   e) V, V, V, V.

3. Sobre a relação entre hermenêutica e linguagem, assinale a alternativa correta:
   a) A ciência deve se apropriar desse método para regular todas as teorias científicas e os procedimentos de observação dos casos empíricos.

b) A religião se preocupa somente com a linguagem e exclui a hermenêutica como procedimento metodológico.

c) A hermenêutica é um método que nos permite a compreensão e, ao mesmo tempo, a interpretação das coisas do mundo, ou um método filosófico que tem por objetivo compreender a experiência do humano no mundo, e está relacionada diretamente com o entendimento, a compreensão e a interpretação da linguagem.

d) A hermenêutica não é um processo de interpretação e, por isso, não pode ser tomada em relação à linguagem e suas manifestações.

e) Nenhuma das alternativas anteriores está correta.

4. No procedimento hermenêutico, no centro do processo está:
    a) somente a natureza.
    b) a vida humana, ontologicamente, tomando por fundamento a interpretação, a compreensão, o sentido e a história.
    c) somente a tecnologia.
    d) somente a ciência.
    e) Nenhuma das alternativas anteriores está correta.

5. Sobre a hermenêutica filosófica, assinale a alternativa que apresenta o aspecto que **não** orienta nem determina essa metodologia:
    a) Interpretação – modo próprio de conhecer com base em representações.
    b) Compreensão – instância que estabelece a relação entre objetos.
    c) Sentido – processo que formula as razões para orientar as perspectivas epistemológicas sobre algo.
    d) História – associada às construções conceituais e materiais da experiência humana.
    e) Política – trata da relação sujeito e sociedade nas diversas áreas do saber.

Atividades de aprendizagem

Questões para reflexão

1. O método hermenêutico é utilizado em várias áreas do conhecimento (filosofia, direito, ciência, religião). Isso quer dizer que, embora os procedimentos de aplicação sejam diferentes, tudo envolve compreensão e, por conseguinte, interpretação. Com base na definição de hermenêutica, seu procedimento metodológico e suas aplicações, você consegue identificar o aspecto hermenêutico da existência humana? E de que modo a linguagem está ligada à existência humana?

2. Existe uma discussão de muito fôlego em filosofia, especialmente aquela desenvolvida a partir do século XX, em que a linguagem se constitui um assunto central, se não o único, das reflexões filosóficas. Um dos tipos e métodos em filosofia da linguagem é o hermenêutico, aquele que nos permite a interpretação da realidade. Qual a relação da metodologia hermenêutica com a linguagem, principalmente em relação aos métodos da sintaxe, da semântica e da pragmática?

Atividades aplicadas: prática

1. Leia *Filosofia, linguagem e comunicação* (Marcondes, 2012) e construa uma resenha crítica da obra analisando e sintetizando os temas tratados. Procure abranger as relações da filosofia com a hermenêutica; a importância da hermenêutica como método para as ciências humanas; e a impossibilidade de um discurso sem qualquer perspectiva ideológica. Em seguida, elabore um quadro metodológico em um bloco de notas e analise os resultados obtidos.

2. Leia *Questões fundamentais de hermenêutica* (Coreth, 1973) e produza um artigo tendo por base a temática trabalhada na obra, analisando e sintetizando os temas tratados. No artigo, reflita sobre a importância de se estabelecerem fundamentos para as áreas do conhecimento e, ao mesmo tempo, como tudo se abre à interpretação. Aborde também a possibilidade de criticar a cultura que formou o sujeito que a critica.

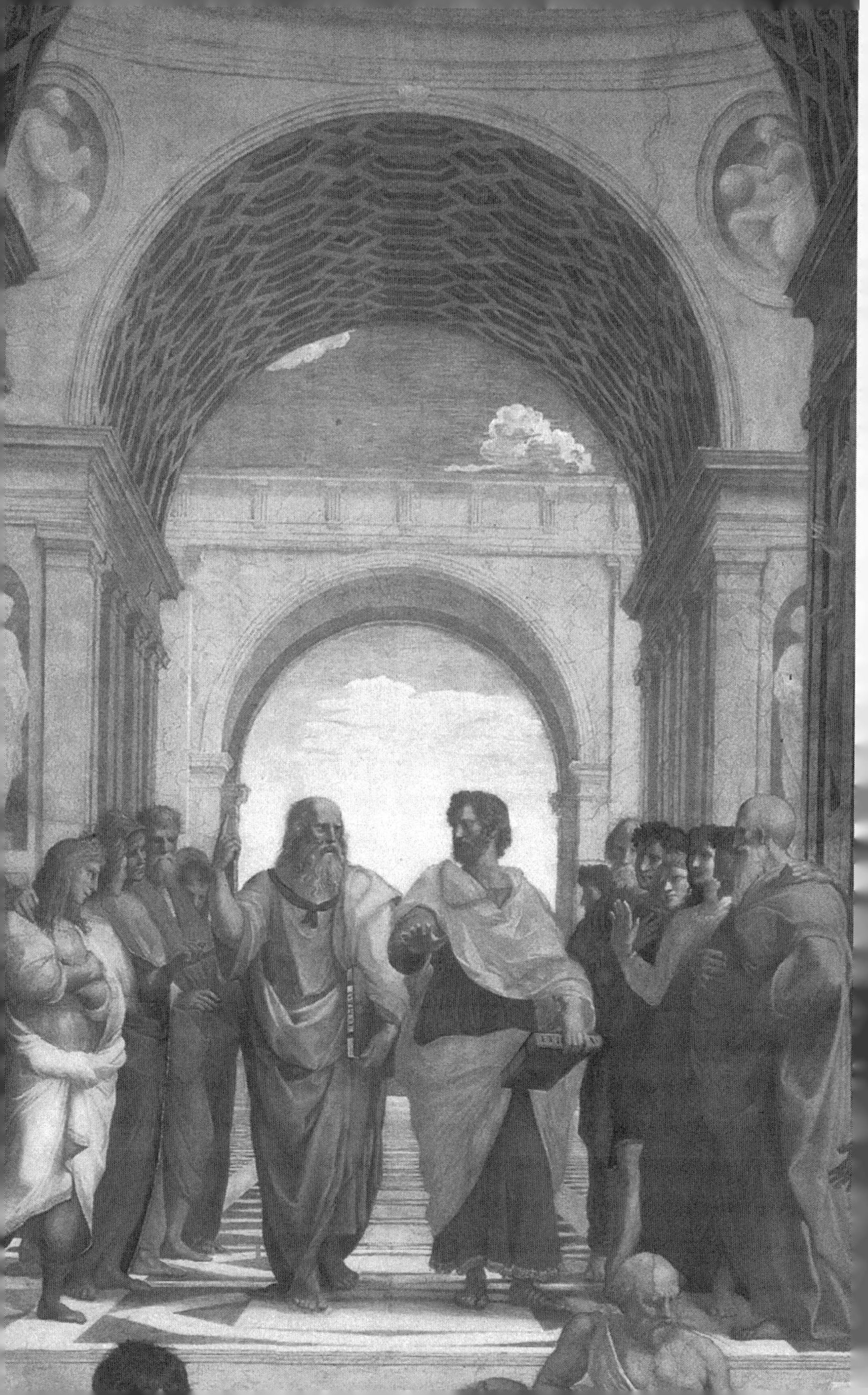

2
Antiguidade Clássica* e Idade Média: verdade, interpretação e exegese**

---

* A história do pensamento ocidental – a filosofia clássica – é uma entre tantas perspectivas de mundo. Portanto, não pode ser considerada o mais importante modo de produzir pensamento, conhecimento, cultura etc. Não obstante todas as influências histórico-culturais, a filosofia antiga contribuiu significativamente para a construção de nossa identidade.

** Este capítulo foi escrito com base nos seguintes livros: *A política* (2009) e *Organon* (2010), de Aristóteles, e *A República* (2001), *Fédon* (2012) e *Mênon* (2014), de Platão.

No capítulo anterior, discorremos acerca do conceito de hermenêutica sob as perspectivas da historicidade, da verdade e da linguagem. Em um trabalho filosófico, a definição constitui-se como ponto de partida para a reflexão, a crítica, a análise e o acesso à **verdade**. *Feito isso, podemos pensar como esse conceito se produziu e foi tratado ao longo da história do pensamento ou, ao menos, pelos autores que se tornaram canônicos na tradição filosófica pelo tratamento dado à temática.*

Neste capítulo, nosso objetivo é fazer com que você compreenda os aspectos das teorias sobre a verdade e sua relação com a interpretação nos pensamentos de Platão e Aristóteles – e, de modo geral, na Idade Média. Isso nos permite situar a hermenêutica, de certo modo, na história da filosofia.

Você já estudou Platão e Aristóteles? Já se deparou com textos de algum filósofo medieval? Qual é a importância de estudar esses pensadores? Eles são autores **clássicos**, isto é, os modelos pelos quais parte significativa da cultura se formou e, a todo momento, estão em diálogo sobre a compreensão daquilo que nós somos.

Diante disso, vamos mergulhar no vasto terreno da Antiguidade Clássica. Fizemos nossas ressalvas metodológicas no sentido de indicar os caminhos que vamos percorrer e a temática que pretendemos explorar.

2.1
Um olhar sobre a Grécia Clássica: verdade* e interpretação

Qual é o significado de *verdade* ou *verdadeiro*? O que essas expressões traduzem? No âmbito religioso, são dois conceitos muito simpáticos, pois justificam a essência da divindade, do divino. A ciência, bem como a filosofia, preocupa-se em investigar a verdade das coisas, mas em uma perspectiva distinta daquela postulada pela religião. A verdade comunica coisas por meio dos dados sensíveis do mundo. Embora essas áreas do conhecimento se preocupem com a obtenção ou a aproximação da verdade, cada uma lhe atribui um sentido diferente. No aspecto religioso,

---

* O conhecimento humano se divide em cinco áreas específicas: ciência, filosofia, religião, artes e senso comum. Cada área se relaciona distintamente com a concepção de verdade. Por isso, é possível investigar as condições epistemológicas para falar sobre o conhecimento verdadeiro, ou as condições para a verdade, ou os critérios da verdade.

há uma predisposição para o transcendente, isto é, para aquilo que extrapola os limites da realidade sensível. Já a ciência, ao se perguntar sobre a verdade, o faz com base na coleta, na observação e na análise metodológica de dados materiais. A verdade se traduziria, então, em uma correspondência efetiva de hipóteses e teorias ao mundo. Para a filosofia – e muitos teóricos –, especialmente do século XX, a verdade é um acontecimento que se abre à interpretação e, portanto, um evento que se produz hermeneuticamente. No entanto, nosso intuito não é nos atermos aos filósofos daquele período, mas aos da Antiguidade.

A verdade e a interpretação, tratadas no capítulo anterior, são discussões importantes em filosofia. O conhecimento filosófico se inter-relaciona com outras áreas do conhecimento e contribui expressivamente para elas. Na psicologia, na música, nas artes, na literatura, no direito, na religião ou nas ciências, esse conhecimento sempre tem algo para sinalizar, refletir ou destacar e, em certos casos, acaba por provocar tensões. Isso denota o caráter plural da filosofia e, por conseguinte, da hermenêutica, pois aquela nos direciona para o modo como as coisas na realidade se apresentam a alguém em cada manifestação. Investigar a forma como as coisas se manifestam e como apreendemos o sentido de algo nos aproxima da novidade da descoberta e de sua exatidão. Esse algo se torna inteligível justamente pela possibilidade de sua interpretação, que é a compreensão do tipo de manifestação da coisa no mundo.

A hermenêutica é um procedimento filosófico e, desde a Antiguidade, faz-se presente no expediente dos autores. Se, na Grécia Clássica, ela se aproximava da arte da interpretação – ligada à compreensão acertada de algo –, na Idade Média era entendida, fundamentalmente, como exegese dos textos da Bíblia. A exegese é um método interpretativo que não permite extrapolar os domínios do texto, diferentemente da hermenêutica.

> Na Antiguidade, a hermenêutica ligava-se estritamente a uma realidade divina. O deus Hermes, mensageiro do Olimpo, traduzia para a língua dos homens as mensagens enviadas pelos deuses.

Para os filósofos gregos, a verificação e o conhecimento da verdade tornavam-se possíveis pela intermediação da retórica – a arte de bem falar – e da linguagem, em razão de sua capacidade de comunicar e significar coisas, pois estava ligada à natureza destas e, portanto, era passível de interpretação. Com relação aos objetivos da filosofia antiga, havia uma preocupação com a busca pela totalidade das coisas, flertando com aspectos religiosos. Metodologicamente, existia um procedimento racional – que se aproximava do conhecimento científico – com a finalidade de contemplar a verdade em si mesma, diferenciando-se das artes. Fundamentalmente, podemos dizer o seguinte:

- Os filósofos gregos expuseram que a verdade se desvela tendo como intermediárias a retórica e a linguagem.
- Os pensadores romanos produziram um movimento no modo de conduzir a investigação da verdade. A tese principal girava em torno da exposição de argumentos e pressupostos ligados a casos concretos, a fatos.
- Com a queda do Império Romano, a partir do século V, e a invasão dos bárbaros na cidade de Constantinopla, surgiu uma perspectiva de unidade, e a Igreja, ao aliar-se ao Estado, efetivou essa estrutura. Nesse sentido, a hermenêutica medieval, que recebeu contribuições importantes do direito romano e do *corpus* filosófico aristotélico, desenvolveu-se, mediante a autoridade institucional da Igreja Católica, como detentora da interpretação correta. Nesse contexto, retomamos, de certo modo, o aspecto decodificador da mensagem divina para os homens.

Na Antiguidade, a hermenêutica se estabeleceu por dois caminhos distintos: o da filologia, ou seja, da investigação das palavras e de seus mecanismos, e o da teologia, isto é, da mensagem divina, que deve ser decodificada e transmitida às pessoas por uma autoridade legítima. Em ambas as fórmulas, há uma preocupação essencial: desvelar o sentido original do texto, que, até então, estava encoberto. Na modernidade, essa práxis é substituída por um modelo científico baseado na indução e na experiência.

Platão tentou assegurar a objetividade do sentido quando nos reportamos ao mundo. Seu idealismo coloca o sentido das coisas nas **ideias**, que, por sua vez, participam do mundo material. Fílon e Clemente de Alexandria, no itinerário da tradição platônica, inserem a hermenêutica no patamar de manifestação dos pensamentos por meio da linguagem. Um dos autores que sistematizaram a doutrina hermenêutica de forma mais eficaz foi Agostinho de Hipona. Ele a utilizou para esclarecer passagens das Escrituras Sagradas que estão obnubiladas e, por isso, geram incompreensões. Para esse filósofo, trata-se de uma busca pela verdade viva do texto, no intuito de entendê-la com base no fato de que todo ente carrega consigo a necessidade do sentido. Ou seja, se, ao interpretarmos um texto que não está claro, conseguirmos encontrar seu real sentido, teremos assegurado sua verdade.

A hermenêutica, em alguns autores da Antiguidade, assemelha-se às ideias de teóricos contemporâneos quando da associação desse conceito à procura dos significados escondidos, pouco ou nada explícitos, em sua forma figurativa ou conotativa. Desse modo, pensando como os antigos, é possível interpretar a mensagem dos deuses para os humanos e, ao examinar um texto, entender as situações sociais e históricas da época.

> A interpretação ou, em sentido mais amplo, a hermenêutica, refere-se a um procedimento que vincula os conceitos às redes de significados envolvidos. A ciência difere-se da hermenêutica ao pensar a verdade como uma correspondência de dados sensíveis a conceitos. Para os gregos, o termo *hermenêutica* está mais vinculado ao anúncio de uma notícia ou mensagem que à construção de uma teoria interpretativa.

Mesmo discutindo a hermenêutica na Antiguidade Clássica – o que compreende também a Idade Média –, não podemos afirmar a existência de uma doutrina sistematizada positivamente. Nesse ínterim, há regras generalistas, algum tratamento mais específico por parte de um ou outro filósofo, mas não uma teoria de fato.

Na Idade Média, esse panorama mudou, visto que a interpretação dos textos bíblicos, conceitualmente chamada *exegese*, assumiu um papel fundamental no esclarecimento dos textos sagrados. É importante salientarmos isso porque toda a discussão deste capítulo orbitará a relação entre os conceitos de *verdade*, *conhecimento* e *interpretação*. Após essas considerações, que nos asseguram algum acesso ao pensamento antigo, passemos à abordagem dos autores.

2.2
Teoria da verdade de Platão e interpretação

Não há uma teoria hermenêutica no pensamento de Platão no sentido de se formular conceitualmente a noção. Toda a história do pensamento ocidental – principalmente a parte da filosofia – está fundamentada nas formulações teóricas de Platão e Aristóteles. Afirmando-os ou negando-os, temos de passar por esses dois autores, que sintetizam, em certo sentido, os pressupostos da filosofia grega pré-socrática e lançam elementos para o posterior desenvolvimento da filosofia e das áreas que dela derivam.

É com base nessa perspectiva que conduziremos nosso trabalho, o que nos parece não interferir em nada do ponto de vista conceitual. Ao analisarmos profundamente as questões da filosofia, mostraremos como os problemas, embora ressignificados, são discutidos à luz do pensamento platônico ou aristotélico. Contudo, se não há uma doutrina hermenêutica nos pensamentos de Platão e de Aristóteles, o que exploraremos em suas filosofias? Suas doutrinas sobre a **verdade** e o **conhecimento** e a relação delas com a **interpretação**.

A filosofia não é debate, não se resolve em uma disputa entre dois argumentadores, em que, ao final, a plateia decide quem venceu. Contrariando aquilo que boa parte das pessoas imagina, a filosofia é uma investigação no sentido próprio da expressão, ou seja, uma **procura** sistemática; é uma investigação conjunta que exige formação para tanto. Que tal aprofundarmos juntos nossa investigação explorando a temática em foco?

Quando tratamos do conhecimento na filosofia de Platão, deparamo-nos com um terreno amplo e delicado. Portanto, trabalharemos a questão em dois momentos: em um deles, consideraremos a **raiz** do conhecimento e, no outro, os **graus**. Nessa discussão, poderemos pensar, de algum modo, a relação existente entre a interpretação e a ideia de verdade, o que possibilitará uma reflexão sobre os aspectos da hermenêutica no pensamento do filósofo. Identificar o verdadeiro por meio de um método é conhecer o mundo e suas variantes. Isso se realiza com base em uma interpretação proveniente da tradição oral (o mito) ou da investigação racional (a ciência).

> Contrariando aquilo que boa parte das pessoas imagina, a filosofia é uma investigação no sentido próprio da expressão, ou seja, uma **procura** sistemática; é uma investigação conjunta que exige formação para tanto.

O conhecimento do verdadeiro está no âmbito do ideal, ou seja, é apenas na contemplação da ideia que se tem acesso à verdade. Essa é uma das preocupações centrais da filosofia, visto que o conhecimento da verdade faz o ser humano lidar com o mundo, tornando-o apto a agir na **pólis** e a praticar a **virtude**. Nesse sentido, o método da contemplação permite a compreensão, a decodificação e a interpretação de uma mensagem.

No texto *Mênon* (Platão, 2014), há algumas discussões relacionadas ao conhecimento. Houve, por parte dos eristas, a tentativa de mostrar que o conhecimento verdadeiro era impossível. Para eles, não se podia investigar a verdade nem conhecê-la. Essa argumentação se justifica pelo fato de que não se pode investigar aquilo de que não se tem conhecimento e, mesmo que a coisa viesse a ser descoberta, não haveria meios disponíveis para sua identificação.

Uma tentativa de dissolver esse imbróglio se deu por meio do método da *anamnese*, palavra que designa "recordação". Platão acreditava que o acesso a essa memória coloca as pessoas diante de verdades existentes na alma desde sempre. O conhecimento, portanto, seria um emergir na alma. A doutrina da alma imortal remonta ao orfismo, um movimento religioso de inspiração pitagórica. Por esse motivo, a alma pode extrair de si mesma as verdades que estão escondidas ou esquecidas – para Platão, essa explicação é mitológica.

Uma espécie de confirmação da doutrina da anamnese é tratada por Platão (2012) no texto *Fédon*, especialmente quando abordou questões relacionadas ao conhecimento matemático. O filósofo tentou mostrar que o pensamento ideal se justifica pela matemática. Por meio dos sentidos, podemos distinguir os objetos sensíveis quando de suas diferenciações espaço-temporais; porém, os dados sensíveis apreendidos por nós nunca se adequarão a nossos conceitos. Por exemplo: nada é perfeitamente triangular ou circular, portanto não há como afirmar uma perfeição absoluta do material. Seguindo essa argumentação, é possível concluir que existe uma descontinuidade dos dados da experiência com relação às realidades conceituais. Os conceitos têm um *plus*, que, segundo o autor, advêm de uma estrutura essencial. O sujeito não pode criar nada, mas sim descobrir ou encontrar algo. Essa estrutura capaz de lhe facultar o conhecimento perfeito está localizada em seu interior. O indivíduo extrai de si algo que, originariamente, ele já tem. Perceba que, tanto na perspectiva mitológica quanto na científica, a anamnese é um método para o acesso ao conhecimento.

A anamnese é o elemento-chave para identificar a origem ou a possibilidade do conhecimento. Isso se explica pelo fato de que há, na alma, uma intuição do verdadeiro. Todavia, os procedimentos metodológicos e as etapas para o acesso a esse conhecimento só serão indicados depois, no texto *A República* (Platão, 2001). A ideia se explicita à medida que associamos a noção de *conhecimento* à perspectiva de dimensões do ser. Portanto, apenas aquilo que é **ser** efetivamente é passível de conhecimento, isto é, cognoscível. Já o **não-ser** é incognoscível, ou seja, não pode ser conhecido. Acessando o conhecimento por meio da anamnese, é possível interpretar o ser em sua manifestação. O filósofo ainda salienta que, entre o ser e o não-ser, existe um aspecto intermediário: a realidade sensível. Essa situação entre o conhecimento e a ignorância é chamada por Platão de *doxa* (opinião), a qual é geralmente enganadora e nunca terá a efetividade da verdade e, consequentemente, do conhecimento.

Desde os antecedentes da filosofia – o pensamento denominado *mitológico* –, a humanidade tenta interpretar a natureza, a vida e o cosmos. Para isso, elaborava histórias mitológicas que a municiavam com interpretações de uma realidade aparentemente inacessível. A **poesia** e a **pintura** intermediaram a interpretação do homem sobre o mundo.

Com o desenvolvimento do método filosófico, ele passou a interpretar a natureza, a vida e seus semelhantes, tomando por base elementos naturais. Interpretar é uma necessidade do ser humano, pois, além da concessão de **poder** para trabalhar com a realidade, tal ação lhe propicia o conhecimento daquilo que é verdadeiro nesse âmbito.

Você deve ter notado que, até o momento, não há uma teoria hermenêutica nos textos ou no *corpus* filosófico de Platão. Não existem doutrinas ou regras específicas para conduzir uma interpretação, mas uma perspectiva de identificação da verdade e, por conseguinte, do conhecimento. Por isso, lidamos com a realidade e as manifestações do ser em níveis distintos. É pela palavra e pelo acesso a ela que estabelecemos uma primeira perspectiva para sinalizar, no pensamento platônico, elementos interpretativos. Interpretar a realidade e sua justaposição à palavra configura, em certa medida, uma reflexão hermenêutica. É desse modo que pensamos nos antecedentes dessa filosofia e construímos nossa reflexão. Passemos, então, à teoria da verdade de Aristóteles.

2.3
Teoria da verdade de Aristóteles e interpretação

Você já deve ter ouvido falar das bases da ética ocidental. Aristóteles é um dos autores mais expressivos e influentes no que tange a esse tema. Nascido em Estagira, uma antiga cidade da Macedônia, é também conhecido como *O Estagirita*. Devemos, especialmente em lógica formal, tudo a esse filósofo.

Neste capítulo, nosso objetivo é apresentar a teoria da verdade de Aristóteles e, em consonância a isso, indicar elementos que permitam afirmar uma antecipação do pensamento hermenêutico, visto que não há uma doutrina hermenêutica propriamente dita no pensamento dos autores mencionados neste capítulo. Como são de suma importância para o mundo ocidental, eles não podem passar despercebidos.

Para abordar a verdade no pensamento desse filósofo, trabalharemos fundamentalmente em duas vertentes: a primeira trata da questão do ser; a segunda apresenta elementos da lógica. Assim, articularemos uma discussão com o propósito de responder a inquietações advindas de nosso objeto de estudo: a interpretação.

A linguagem é a expressão do ser, na medida em que, de certo modo, o revela. Nesse sentido, a natureza do *logos* se associa a uma perspectiva política. A concepção ontológica tem um *link* nas categorias, e a lógica é do âmbito interpretativo, em consonância com a retórica. O problema da significação pode ser explicitado por meio de uma questão relacionada à interpretação de símbolos. Não obstante, a correspondência é a base de toda a representação da realidade por meio do nome.

Para Aristóteles, há uma divisão precisa das ciências: **teoréticas**, **práticas** e **poiéticas**. A investigação das ciências teoréticas, que englobam a metafísica, a física e a matemática, é voltada para o ser das coisas e, portanto, para o conhecimento, seus fundamentos e seus processos. Já as ciências **práticas** estão relacionadas à investigação da virtude e se explicitam pelos saberes da ética e da política. A **perfeição moral** ou, em termos técnicos, a teleologia (finalidade) da ação é o núcleo das discussões. Por fim, as ciências **poiéticas** se caracterizam pela produção manual de determinadas coisas.

Neste ponto do texto, cabe a seguinte pergunta: Você já ouviu falar de metafísica? Esse conceito refere-se, essencialmente, àquilo que está para além do mundo físico. Conforme Aristóteles, a metafísica é a principal área do conhecimento nas chamadas *ciências teoréticas*, pois coloca em pauta os princípios primeiros e absolutos de alguma coisa, pensa o ser como ser e questiona o aspecto substancial de algo. A princípio, pode parecer difícil, mas, de certo modo, estamos nos perguntando sobre a maneira como se dá a relação do conceito com a coisa.

Em termos aristotélicos, a metafísica é uma maneira de buscar as causas primeiras. Essa investigação possibilita acessar a realidade da coisa e, por conseguinte, conhecê-la e interpretá-la. Segundo o filósofo, devemos postular um conjunto finito de **causas**. Desse modo, há um número de quatro causas, cada qual correlacionada às noções de fundamento e à condição de possibilidade de existência.

A causa **formal** revela a essência, a forma de todas as coisas, e a **material** justifica, do ponto de vista da realidade, o conteúdo de algo. Se não incluíssemos em nossa concepção de realidade o movimento, o devir, essas duas primeiras causas seriam suficientes para explicá-la. À medida que nos questionamos, tendo como pressupostos questões do gênero, surgem as outras causas: Como tudo nasceu? Quem gerou toda a realidade? Por que as coisas estão em constante desenvolvimento? É assim que as causas **eficiente** e **final** entram em cena, para viabilizarem reflexões, respectivamente, sobre o que ou quem produz tudo o que existe e com que objetivo.

Por outro lado, existe a lógica ou, como chamava Aristóteles, a *analítica* – uma introdução às ciências no sentido de indicar a correção procedimental do pensamento, quer dizer, suas bases estruturais. Logo, investiga-se o que é o ser, pensando-o e conhecendo-o com base em uma estrutura. Portanto, *interpretar* é trazer à tona a identidade de algo quando da relação entre o pensamento e a coisa.

A lógica preocupa-se com a forma que pode ser assumida por qualquer discurso demonstrativo que tem como intuito provar algo. Em outras palavras, almeja mostrar o pensamento em atividade; os aspectos estruturais do ato de raciocinar e os elementos envolvidos nisso; e os tipos, modos e objetos passíveis de demonstração e em quais condições.

A analítica fornece as ferramentas necessárias para o enfrentamento de qualquer tipo de investigação. Para o tratamento introdutório da questão, convém apresentarmos duas ideias fundamentais com suas variantes: a proposição e o silogismo.

> Em lógica formal, existem dois métodos fundamentais para a extração de verdades:
>
> 1. **Indução:** Construir, com base em casos específicos, a universalidade de algo, ou seja, transformar situações particulares em universais.
> 2. **Dedução:** Construir, com base em casos universais, a singularidade de algo, ou seja, transformar situações universais em particulares. É um procedimento fundamentalmente silogístico.

Uma **proposição** é a enunciação linguística que desvela o ser de algo. Nesse sentido, poderíamos defender que praticamente todas as expressões que emitimos são proposições. Porém, sob o ponto de vista da lógica aristotélica, uma proposição se forma pela composição de juízos, isto é, pela afirmação ou negação de um conceito em relação a outro. Desse modo, o juízo, assim como a proposição, traduz-se no que há de mais essencial quando falamos de conhecimento. Há, portanto, a (de)composição de um sujeito e um predicado.

A verdade ou a falsidade de algo tem sua gênese na composição de juízos. Ao conjugarmos algo que está apto para sofrer essa ação, temos o verdadeiro; quando conjugamos aquilo que não está apto, temos o falso. Assim, um juízo, ou uma proposição, sempre expressará uma verdade ou uma falsidade por intermédio, respectivamente, de uma afirmação ou uma negação. É o discurso que declara coisas sobre o objeto principal da investigação que a lógica se propõe a desenvolver.

O *silogismo*, palavra de origem grega que significa "composição de argumento/proposição", caracteriza, na teoria aristotélica, o raciocínio. Raciocinar não é apenas compor juízos ou relacionar proposições sem a determinação de um nexo entre elas. Esse processo ocorre quando partimos de juízos ou proposições que têm algum nexo causal, podendo, de alguma forma, derivar uns dos outros. Isso é necessário para o estabelecimento das partes que antecedem e das que são consequenciadas. Sem nexo causal, não podemos afirmar a existência de raciocínio. Nos silogismos, a perfeição estrutural do raciocínio se evidencia por meio de conclusões que sustentam uma relação de necessidade do consequente mediante o antecedente. Em outros termos, a consequência é extraída, essencialmente, do antecedente.

Em resumo, o questionamento sobre as causas do ser, metafisicamente falando, e a correção do procedimento do pensamento, em termos lógicos, produzem um discurso sobre o verdadeiro tendo como pano de fundo a correspondência entre o conceito e a realidade. Em uma perspectiva interpretativa, o discurso nos faz perceber que as coisas são o que são, e sua principal função é revelá-las a nós.

2.4
Exegese dos medievais

A *Idade Média*, na história do pensamento, iniciou-se no século I d.C. e se estendeu até meados do século XIV. A filosofia tinha proximidade com a teologia e, em certas situações, acabava sendo confundida com ela. Por isso, muitos diziam que a filosofia se transformaria em serva da teologia. O conhecimento filosófico estava a serviço do teológico na construção das bases racionais que justificavam a crença.

A expressividade do Período Medieval era notável e perdurou por mais de treze séculos. Assim como na filosofia grega, esse momento era marcado por correntes teóricas específicas – patrística e escolástica – e cada uma assumia uma tarefa.

Cabe ressaltarmos que nosso objetivo é investigar aspectos da teoria interpretativa do período, a qual estava associada à noção de *exegese*. Esse conceito referia-se à crítica sobre um texto, nesse caso, de caráter religioso. Como o método exegético prendia-se exclusivamente ao texto, não era possível transcendê-lo no sentido de desvinculá-lo de uma realidade divina. Isso porque havia um vínculo religioso na formação do processo interpretativo na Idade Média.

Elaboramos um esboço daquilo que chamaremos *hermenêutica* no período da modernidade, compreendido entre os séculos XVI e XVIII e marcado, essencialmente, por discussões centradas no **sujeito**.

A seguir, destacamos dois aspectos considerados essenciais para a condução do método exegético:

- **Crítico**: Reconstituía a gênese do texto, os aspectos historiográficos envolvidos em sua construção.
- **Literário**: Reportava-se às características de ordem linguística, isto é, aos elementos sintáticos e semânticos.

Diante do cenário que começava a se formar, o aspecto teológico assumiu uma centralidade no Medievo, contribuindo para a interpretação de textos. Os primeiros cristãos, idealizadores da fé nascente, como Orígenes (185-254), Clemente (150-215?), Gregório de Nissa (335-394), Basílio Magno (330-379) e Círilo (375-444), influenciados, em grande medida, pela cultura helênica, estabeleciam alegorias aos textos considerados sagrados. A Igreja assumiu a atividade intelectual, sendo a única instituição detentora da interpretação correta, especialmente dos textos sagrados. Para muitos, a Bíblia era considerada um livro hermético, carregado de mistérios e mensagens que precisavam ser decodificados. A exegese do texto deveria ser conduzida de modo a favorecer sua compreensão por meio de uma construção de sentido, que teria de se adequar à tradição e à doutrina da Igreja. O texto bíblico veio à tona com quatro sentidos específicos:

1. **Literal**: Estava associado ao histórico, àquilo que o texto relatava.
2. **Moral**: Direcionava o agir das pessoas.
3. **Alegórico**: Era o sentido metafórico, uma representação figurada. Considerado profundo, foi dado na Escritura, especialmente no Novo Testamento, por intermédio de Cristo.
4. **Escatológico**: Preparava o cristão, sob certas condições, para as coisas que ele poderia esperar.

Teologicamente, surgiu outra compreensão sobre essas perspectivas. Porém, hermeneuticamente, podemos pensar em uma investigação que tenta reconstruir o sentido, que ora está explícito, ora está obscuro, ora está (ou precisa ser) revelado.

Nossa atenção está voltada à relação da exegese com a interpretação e ao modo como isso se refletiu no desenvolvimento das doutrinas hermenêuticas. Quando, por meio da exegese bíblica, descobriam-se os ensinamentos da Igreja e as doutrinas formuladas pelos primeiros padres, atingiam-se elevados graus de conhecimento. Isso fez com que a exegese – um primeiro aspecto da hermenêutica – estivesse submetida a uma tradição de oralidade e autoridade da Igreja.

Essas considerações nos ajudam a compreender o surgimento, o funcionamento e o desenvolvimento da questão interpretativa na Idade Média. Aqui, é interessante mencionarmos o nome de Agostinho de Hipona, autor expressivo do período, a fim de entendermos, ao menos de forma introdutória, aspectos de seu pensamento que se dirigem para a exegese. Em *A doutrina cristã* (Agostinho, 2002), ele apresenta uma reflexão que promove uma confluência entre a retórica, a semiótica e a hermenêutica. Considerada um manual de pregação, a obra retoma a tradição retórica dos antigos, na medida em que olha para a arte da boa argumentação como um instrumento a serviço da verdade. No entanto, tal verdade é a própria revelação cristã, que se dá por meio da fé. Sendo assim, a Bíblia caracteriza-se como o livro que regula a vida e a fé das pessoas. Contudo, a isso está atrelada uma grande dificuldade. Você lembra qual é? Como analisamos anteriormente, a dificuldade presente nos textos sagrados é da ordem da incompreensão, que resulta da ausência de clareza e transparência, o que nem sempre é uma realidade nos textos da Sagrada Escritura. Existem inúmeros signos linguísticos que se apresentam como características de algo, ou seja, como algo próprio, mas também como uma realidade transposta, metafórica, figurativa.

Hipona percebeu a necessidade de desenvolver dois fundamentos teóricos para sistematizar o procedimento exegético: de um lado, estava a doutrina dos signos e, do outro, a doutrina da interpretação de textos. Na sistemática que nos é posta, quando analisada de uma perspectiva pós-moderna, identificam-se três vertentes: semiótica, retórica e hermenêutica. A primeira vincula-se à ideia de que os signos, em muitos casos, apresentam-se figurativamente, e a realidade à qual se refere está para além de sua instituição; a segunda considera que é necessário elaborar os melhores argumentos e, por meio do discurso, persuadir aqueles que escutam a mensagem cristã; a terceira tem como pano de fundo a interpretação dos textos presentes na Bíblia.

À vista de tudo isso, é notável que Hipona não tinha pretensões de abandonar a alegoria. Além de lançar mão de uma proposição literal – histórica e gramatical – na interpretação de textos, ele se apropriava, em grande medida, do referido método. Desse modo, o pensador tentava justificar suas interpretações como o serviço da busca pela verdade. Em alguns de seus textos, ao tratar de exegese, ele cita a segunda carta de Paulo à comunidade de Corinto, na qual consta a seguinte afirmação: "Porque a letra mata, mas o espírito vivifica" (Bíblia, 1991, II Coríntios, 3: 6).

No contexto da Idade Média, a exegese se propunha a dissolver as incompreensões que surgiam na Escritura e a extirpar aspectos ambíguos de ordem semântica, além de apropriar-se dos sentidos figurados dos textos na tentativa de conhecer a verdade revelada por uma interpretação intermediada pela única instituição autorizada a fazer isso: a Igreja Católica.

Síntese

Neste capítulo, transitamos sistematicamente pelos principais nomes da história da filosofia antiga. Platão, Aristóteles e Agostinho de Hipona, autores de expressiva envergadura, fundamentam as bases do pensamento ocidental.

Em um primeiro momento, discorremos sobre as doutrinas da verdade de Platão e Aristóteles e sua relação com a interpretação e, posteriormente, sobre a exegese na Idade Média. Evidenciamos os elementos que, segundo a filosofia de Agostinho de Hipona, favoreceriam a compreensão do surgimento, do funcionamento e do desenvolvimento da doutrina da interpretação nesse período. Sendo assim, indicamos as ideias centrais do conteúdo abordado neste capítulo:

- A hermenêutica é um procedimento filosófico e, desde a Antiguidade, faz-se presente no expediente dos autores. Se, na Grécia Clássica, ela se aproximava da arte da interpretação – ligada à compreensão acertada de algo –, na Idade Média era entendida, fundamentalmente, como exegese dos textos da Bíblia. A exegese é um método interpretativo que não permite extrapolar os domínios do texto, diferentemente da hermenêutica.
- Não há uma teoria hermenêutica nos textos ou no *corpus* filosófico de Platão. Não existem doutrinas ou regras específicas para conduzir uma interpretação, mas uma perspectiva de identificação da verdade e, por conseguinte, do conhecimento. Por isso, lidamos com a realidade e as manifestações do ser em níveis distintos. É pela palavra e pelo acesso a ela que estabelecemos uma primeira perspectiva para sinalizar, no pensamento platônico, elementos interpretativos. Interpretar a realidade e sua justaposição à palavra configura, em certa medida, uma reflexão hermenêutica.

- Aristóteles é um dos autores mais expressivos e influentes no tocante à lógica. Em consonância com a doutrina do ser, a lógica formal é fundamental não apenas para as investigações filosóficas, mas também para a compreensão de aspectos relacionados à interpretação. Em certo sentido, esses elementos anteciparam formulações da hermenêutica, embora essa teoria não exista nem no pensamento desse filósofo nem no de Platão.
- No contexto da Idade Média, a exegese se propunha a dissolver as incompreensões que surgiam na Escritura e a extirpar aspectos ambíguos de ordem semântica, além de apropriar-se dos sentidos figurados dos textos na tentativa de conhecer a verdade revelada por uma interpretação intermediada pela única instituição autorizada a fazer isso: a Igreja Católica. Agostinho de Hipona, um dos filósofos mais expressivos do período, apresenta na obra *A doutrina cristã* os pressupostos metodológicos de uma exegese, lançando bases para as teorias hermenêuticas vindouras.

Indicações culturais

As *indicações a* seguir propiciam o aprofundamento dos conteúdos trabalhados ao longo deste capítulo. Voltadas à compreensão do pensamento da Grécia Clássica e do Medievo, pontuam elementos que contribuíram para o surgimento da hermenêutica e seu posterior desenvolvimento. Dessa forma, os filmes e os livros expostos o instigam a buscar sempre novas fontes e perspectivas acerca da filosofia, especificamente sobre a hermenêutica.

Filmes

MATRIX. Direção: Lana Wachowski e Lilly Wachowski. EUA: Warner Bros. Pictures, 1999. 135 min.

O LABIRINTO do fauno. Direção: Guilhermo Del Toro. EUA/Espanha/México: Warner Bros. Pictures, 2006. 112 min.

SÓCRATES. Direção: Roberto Rossellini. Espanha/França/Itália: Versátil Pictures, 1971. 120 min.

Livros

ARISTÓTELES. **Organon**. Bauru: Edipro, 2010.

PLATÃO. **A República**. Tradução de Maria Helena da Rocha Pereira. 9. ed. Lisboa: Fundação Calouste Gulbenkian, 2001.

PLATÃO. **Fédon**. Tradução de Edson Bini. São Paulo: Edipro, 2012.

PLATÃO. **Mênon**. Tradução de Mauro Iglesias. 8. ed. São Paulo: Loyola, 2014. (Coleção Bibliotheca Antiqua, v. 1).

ROGUE, C. **Compreender Platão**. Petrópolis: Vozes, 2005.

SANTO AGOSTINHO. **A doutrina cristã**. São Paulo: Paulus, 2002.

SNELL, B. **A cultura grega e as origens do pensamento europeu**. São Paulo: Perspectiva, 2001.

STIRN, F. **Compreender Aristóteles**. Petrópolis: Vozes, 2011.

TORRANO, J. Mito e verdade em Hesíodo e Platão. **Letras Clássicas**, São Paulo, n. 2, p. 11-26, 1998. Disponível em: <https://www.revistas.usp.br/letrasclassicas/article/view/73726/77392>. Acesso em: 25 out. 2017.

Atividades de autoavaliação

1. Marque V para as afirmações verdadeiras e F para as falsas:
   - (   ) Os filósofos gregos expuseram que a verdade se desvela tendo como intermediárias a retórica e a linguagem.
   - (   ) Os pensadores romanos não produziram um movimento no modo de conduzir a investigação da verdade. A tese principal girava em torno da exposição de argumentos e pressupostos ligados a casos concretos, a fatos.
   - (   ) Com a queda do Império Romano, a partir do século V, e a invasão dos bárbaros na cidade de Constantinopla, surgiu uma perspectiva de unidade, e a Igreja, ao aliar-se ao Estado, efetivou essa estrutura. Nesse sentido, a hermenêutica medieval, que recebeu contribuições importantes do direito romano e do *corpus* filosófico aristotélico, desenvolveu-se, por meio da autoridade institucional da Igreja Católica, como detentora da interpretação correta. Nesse contexto, retomamos, de certo modo, o aspecto decodificador da mensagem divina para os homens.

   Assinale a sequência correta:
   a) V, F, F.
   b) V, F, V.
   c) F, F, F.
   d) V, V, V.
   e) Nenhuma das alternativas anteriores está correta.

2. Quais os quatro sentidos específicos da exegese que vieram à tona na Idade Média?
   a) Lógica, retórica, dialética e Deus.
   b) Patrística, escolástica, patrologia e princípio da identidade.
   c) Trindade, antropológica, existencial e moral.

d) Literal, moral, alegórico e escatológico.
  e) Nenhuma das alternativas anteriores está correta.

3. O método exegético prendia-se exclusivamente ao texto, não sendo possível transcendê-lo no sentido de desvinculá-lo de uma realidade divina. Isso porque havia um vínculo religioso na formação do processo interpretativo na Idade Média. Os dois aspectos considerados essenciais para a condução desse método são:
   a) Crítico e literário.
   b) Sensibilidade e entendimento.
   c) Deus e Bíblia.
   d) Patrística e escolástica.
   e) Nenhuma das alternativas anteriores está correta.

4. Assinale a alternativa que melhor completa a afirmação a seguir:

> Desde os antecedentes da filosofia – o pensamento denominado *mitológico* –, a humanidade tenta _____ a natureza, a vida e o cosmos.

   a) Interpretar.
   b) Desligar.
   c) Amar.
   d) Dominar.
   e) Nenhuma das alternativas anteriores está correta.

5. De acordo com a lógica formal, quais são os dois métodos fundamentais para a extração de verdades?
   a) Dedução e ética.
   b) Ética e política.

c) Indução e dedução.
d) Fenomenologia e hermenêutica.
e) Indução e opinião.

Atividades de aprendizagem

Questões para reflexão

1. Leia o trecho a seguir para resolver a questão:

> O "mundo verdadeiro" – uma ideia que para nada mais serve, não mais obriga a nada – ideia tornada inútil, **logo** refutada: vamos eliminá-la. [...]
>
> Abolimos o mundo verdadeiro: o que restou? o aparente, talvez?... Não! **Com o mundo verdadeiro abolimos também o mundo aparente!** (Nietzsche, 2008, grifo do original)

Com base nesse excerto e no que estudou neste capítulo, construa um texto dissertativo (no mínimo, 30 linhas) relacionando as teses dos filósofos da Antiguidade e refletindo sobre a interpretação nietzschiana sobre o **mundo verdadeiro** e o **mundo das aparências**. Na construção textual:
- discorra sobre as principais discussões filosóficas presentes no contexto da filosofia grega antiga;
- explique como a noção de verdade é entendida por Platão e por Aristóteles;
- aborde a crítica de Nietzsche à noção de verdade como tentativa de construção de uma nova metodologia em filosofia.

2. A filosofia antiga é de extrema importância para o Ocidente. Platão e Aristóteles são os fundamentos filosóficos de tudo o que foi

produzido sistematicamente ao longo dos séculos. Escreva um texto argumentativo (no mínimo, 30 linhas) sobre a relação entre a interpretação e a verdade. Na construção textual:
- relacione as filosofias de Platão e de Aristóteles com o conceito de *verdade*;
- analise os aspectos que justificam uma metodologia hermenêutica no pensamento desses autores;
- comente sobre os desenvolvimentos posteriores da hermenêutica.

Atividades aplicadas: prática

1. Assista a um dos filmes sugeridos na seção "Indicações culturais" e produza uma dissertação crítica (no mínimo, 30 linhas) sobre o filme escolhido. Evidencie os aspectos que possibilitam uma reflexão sobre a questão interpretativa na Antiguidade, analisando-os no contexto atual. Para produzir o texto, responda às seguintes questões:
   - À luz da temática desta obra, qual é a mensagem transmitida pelo filme?
   - Quais são os pontos de aproximação e de distanciamento entre a época retratada no filme e a atual?

2. Realize uma leitura crítico-reflexiva do texto *A doutrina cristã*, de Agostinho de Hipona. Depois, elabore uma resenha crítica, explorando os aspectos históricos envolvidos na obra, os elementos metodológicos que produziram uma teoria sobre a exegese e a importância do método para a época.

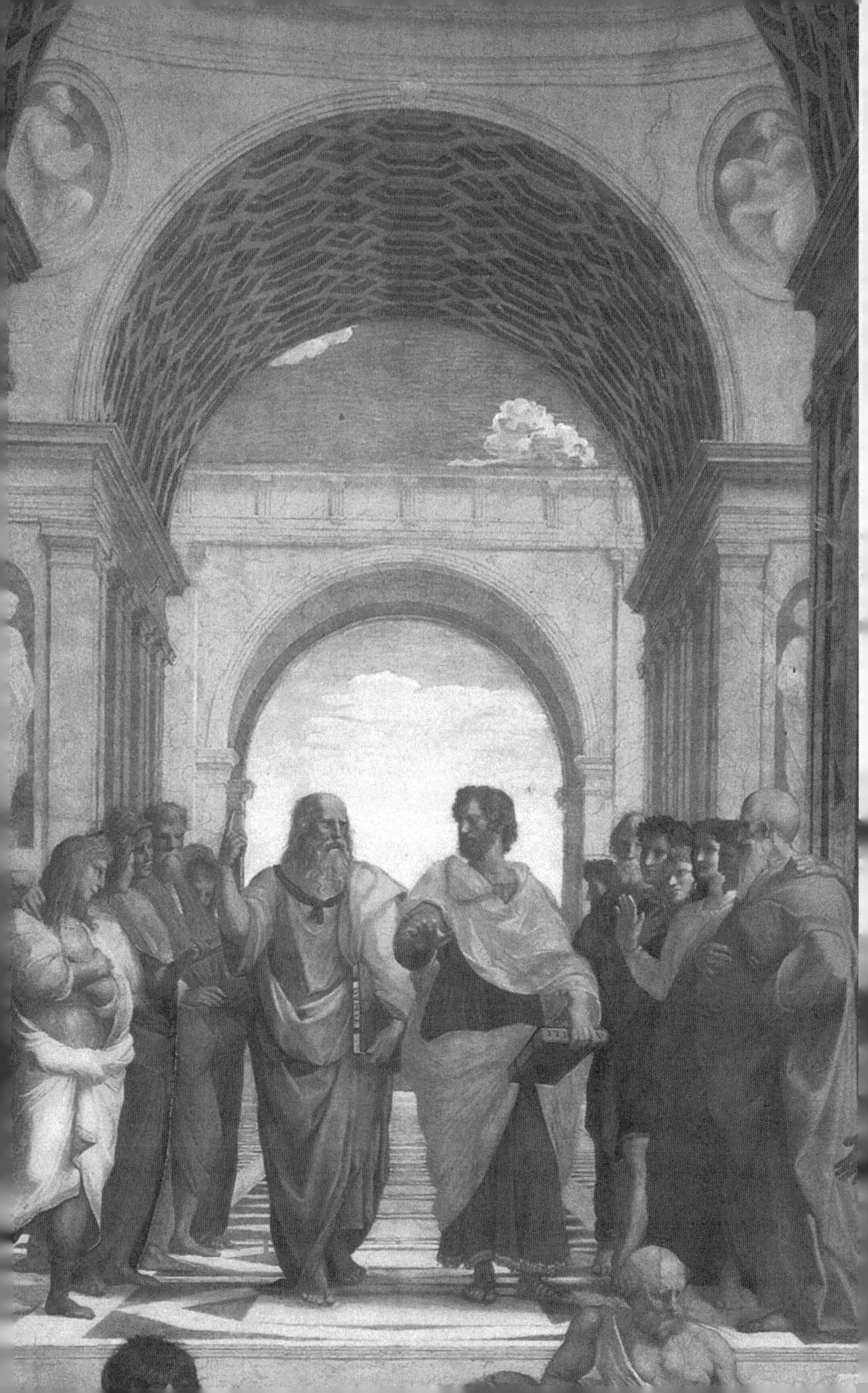

3

*Da universalidade
à compreensão:
Schleiermacher
e Dilthey***

* Este capítulo foi escrito com base nos seguintes livros: *Teorias da história* (1984), de Patrick Gardiner, em que consta o texto "A compreensão dos outros e das suas manifestações de vida", de Wilhelm Dilthey, e *Hermenêutica: arte e técnica da interpretação* (2000), de Friedrich Schleiermacher.

Os dois primeiros capítulos serviram de base para introduzir você nas discussões sobre a hermenêutica, considerando-se tanto os elementos metodológicos quanto os antecedentes desta. Neste capítulo, nosso propósito é apresentar a concepção de dois filósofos que contribuíram, de forma expressiva, para as investigações sobre a hermenêutica: Friedrich Schleiermacher e Wilhelm Dilthey.

> O filósofo e teólogo **Friedrich Daniel Ernest Schleiermacher**, nascido em Breslau, na Alemanha, em 1768, era considerado o pai da hermenêutica moderna. Estudou com afinco a filosofia kantiana e a literatura de Schlegel – um dos líderes do romantismo na literatura de Berlim –, foi clérigo e, em meados dos anos 1800, lecionou na Universidade Luterana de Halle. Suas principais obras são: *Discursos sobre a religião* (1799), *Monólogos* (1800) e *Crítica das doutrinas e a fé cristã* (1822).
>
> O filósofo alemão **Wilhelm Dilthey** nasceu em 1833, na cidade de Biebrich-Mosbach. Seu pensamento contribuiu para a elaboração de um método associado às ciências humanas. Estudou Teologia na Universidade de Heidelberg e obteve seu doutoramento em Filosofia pela Universidade de Berlim. Foi professor na Universidade da Basileia em 1866 e, anos depois, ocupou a cadeira de Hegel na Universidade de Berlim. Suas principais obras são: *Introdução às ciências humanas* (1883), *A essência da filosofia* (1907), *O mundo do espírito* e *Teoria da concepção de mundo* – não constam as datas destas duas últimas porque há divergência de informações a esse respeito.

Nesse contexto, investigaremos a teoria da universalidade de Schleiermacher e a teoria da compreensão de Dilthey à luz dos principais problemas explicitados em suas filosofias. No primeiro caso, unificaremos as teorias jurídica, bíblica e filológica, a fim de postular uma hermenêutica universal e favorecer sua realização como área do conhecimento que permite a compreensão das línguas falada e escrita. No segundo, esclareceremos o fato de Dilthey eleger a compreensão como um método em ciências humanas. A hermenêutica incorpora esse aspecto para si, sendo, portanto, fundamental para a compreensão em ciências humanas.

3.1
Filosofia de Schleiermacher e Dilthey

Em um primeiro momento, trataremos de temas gerais acerca da filosofia de Schleiermacher e de Dilthey, explorando as noções de *compreensão* e *explicação*, respectivamente.

A partir deste ponto do texto, analisaremos uma área do conhecimento que desenvolve métodos específicos para interpretação e, por conseguinte, investiga os mecanismos que permitem reconstruir o sentido das coisas, compreendendo-as e interpretando-as. Além disso, realizaremos as primeiras discussões sobre a hermenêutica como um método fundamental para as ciências humanas.

A questão da historicidade como chave para a compreensão da cultura e o desenvolvimento das ciências humanas assume centralidade no pensamento desses autores, especialmente quando do desenvolvimento de suas teorias hermenêuticas. As considerações de Marcondes (2012, p. 139, grifo do original) vão ao encontro dessa ideia:

> É neste contexto que se constitui o próprio conceito de ciências do espírito ou da cultura (as GEISTESWISSENSCHAFTEN), tendo como noção central o conceito hermenêutico de interpretação e que serão a base das chamadas ciências humanas e sociais. A cultura é entendida assim como um sistema simbólico, um sistema de significados que deve ser interpretado. Daí a importância da investigação da natureza do conhecimento humano em suas várias formas, da estrutura da consciência, do funcionamento da mente, e do desenvolvimento histórico das formações culturais para decifrar esse sistema de signos que é constituído pelo homem. Esta problemática adquire então uma importância central, que não possuía antes; [...]. INTERPRETAR *significa assim reconstruir o sentido que estes signos possuem para os homens em diferentes épocas e em diferentes contextos culturais.*

As observações desse autor condizem com as discussões que empreendemos sobre os antecedentes e as formulações acerca do funcionamento da hermenêutica. Sigamos, pois, com a investigação sobre os principais elementos das filosofias de Schleiermacher e Dilthey, cujos conceitos centrais são **compreensão** e **universalidade**.

Uma das críticas de Schleiermacher é a de que a interpretação não poderia se limitar aos estudos das línguas clássicas, isto é, o grego e o latim. Sendo assim, o pensador postula a ideia de uma hermenêutica universal para dar suporte às áreas específicas do conhecimento – a exegese bíblica, o direito e a própria filologia –, com o intuito de justificar a aplicação de regras interpretativas em diferentes áreas do conhecimento que se propõem a interpretar coisas.

Para Schleiermacher, a hermenêutica é a arte da compreensão. Essa ideia está relacionada à capacidade de realizar algo, visto que a faculdade de interpretação não está associada apenas à aplicação de regras metodológicas, mas também à reconstrução do sentido de algo com o intuito de alcançar um entendimento. Conforme esse autor, há uma distinção muito precisa entre a retórica e a hermenêutica. Na primeira, o discurso brota de uma interioridade, do pensamento, e objetiva atingir a exterioridade; na segunda, expressões externas tentam atingir aspectos internos do pensamento. A intenção fundamental da hermenêutica é compreender aquilo que é expresso por uma ou mais pessoas, particularmente por meio da escrita.

A partir deste ponto do texto, evidenciaremos a perspectiva que abrange a relação entre o pensamento do sujeito e sua linguagem. A clareza no pensamento advém do fato de que os sujeitos descobriram expressões linguísticas, ou palavras, apropriadas para expressá-lo.

> Conforme a teoria linguística, a palavra sistematizada, ou seja, a linguagem, é o instrumento fundamental para a comunicação.

Ao constituir-se como instrumento de comunicação, a linguagem permite a identificação de seu caráter comum tanto a quem emite expressões linguísticas quanto a quem as recebe. Nesse sentido, todas as palavras só terão sentido se comparadas a outras expressões dessa linguagem. Schleiermacher afirmava que a linguagem, com suas expressões, é infinita e, por esse motivo, determinável com base nos demais elementos. Desse modo, todo enunciado está em relação indireta com a totalidade da linguagem praticada em determinado contexto.

Uma questão básica dessa teoria é que toda compreensão ocorre com base em um contexto, uma nacionalidade ou um momento histórico. O **ato de falar** está diretamente ligado às vivências, às experiências, do indivíduo, que é parte de um tecido social em certo momento da história. Apenas a título de consideração, em se tratando da relação de umas palavras com as outras, na contemporaneidade, a escola pragmática toma essa perspectiva para fundamentar o entendimento acerca do significado de linguagem.

Schleiermacher, no entanto, limitava o espaço de ação da hermenêutica, contrariando a ideia de que ela, por ser um método que se propõe a compreender as formas e as expressões da linguagem, lida com todas as disciplinas. Esse argumento se justifica quando

> O **ato de falar** está diretamente ligado às vivências, às experiências, do indivíduo, que é parte de um tecido social em certo momento da história.

da separação proposta pelo autor entre a retórica e a hermenêutica, da qual tratamos anteriormente. Esta tem a intenção de descobrir aquilo que está escondido por trás de uma expressão e, por sua vez, aquela trata, *grosso modo*, das expressões do pensamento em uma linguagem.

O pensador, ao desenvolver essas reflexões sobre a hermenêutica, situando-a como uma arte voltada à compreensão de enunciações linguísticas, aponta aspectos gramaticais e psicológicos envolvidos nesse processo. Aqueles se propõem a interpretar as derivações da linguagem, e estes, a interpretar a enunciação linguística como uma realidade na interioridade do sujeito. Sendo assim, a hermenêutica exige uma interação entre o gramatical e o psicológico para resultar em uma compreensão.

Tal interação, segundo Schleiermacher, explicita o objetivo da hermenêutica: compreender as enunciações linguísticas de forma tão precisa como quem as emite e torná-las claras. Porém, isso ocorrerá somente se adentrarmos, objetiva e subjetivamente, na posição do sujeito-autor de uma enunciação linguística. O aspecto objetivo é denotado pelo aprendizado da língua do sujeito-autor, e o subjetivo está diretamente ligado ao aprendizado sobre a vida, o contexto e o pensamento desse indivíduo.

O que está em jogo é a capacidade de conhecer os sujeitos em seus aspectos universais e particulares, isto é, seu contexto, sua formação e seu pensamento. A língua, por outro lado, exige que adentremos na forma de vida de uma comunidade de fala, com vistas a compreender as metáforas, as analogias, as piadas e as ironias. Em suma, ==a hermenêutica quer reconstruir a explicitação de ideias por meio da linguagem== e, nesse ínterim, compreender a subjetividade de um autor.

Essas questões estão relacionadas à ideia da totalidade da linguagem como possibilidade de compreensão de uma era. Isso porque o conhecimento particular está situado em uma integralidade, e o conhecimento completo parte do entendimento das particularidades que estruturam o todo. Essa interdependência existe, segundo o filósofo, em níveis hierárquicos: na palavra, na organização social, na sistematização do conhecimento etc.

A lógica do **círculo hermenêutico** é fragmentada por Schleiermacher ao apresentar uma resolução para o impasse referente ao conhecimento parte-todo. Esse paradoxo é visto da seguinte maneira: não podemos conhecer a parte sem antes conhecermos o todo e vice-versa. A fim de resolver esse imbróglio, o filósofo defende que o conhecimento de uma linguagem e de seus sentidos nos permite adentrar, ainda que superficialmente, em alguma coisa, o que garante uma visão do todo. Sendo assim, alcançaríamos uma interpretação e, consequentemente, uma compreensão das partes.

Ainda nessa perspectiva de abordagem, destacamos o filósofo Wilhelm Dilthey, que formulou uma proposta metodológica empirista para dar conta das investigações que as ciências humanas se propõem a executar. O pensador, ao recusar as ciências exatas como pressuposto metodológico de investigação das ciências humanas, levou em conta o sujeito de ação. Dilthey apontava como um problema o fato de as perspectivas idealistas da humanidade não fornecerem nenhuma objetividade à produção do conhecimento nessa área. A compreensão, em oposição à explicação, constitui-se em um instrumento eficaz das investigações dirigidas pelas ciências humanas. Tais propostas influenciam de forma expressiva os pensamentos de Heidegger e Gadamer – objetos de estudo nos próximos capítulos.

Em suas investigações, Dilthey reservou o uso da expressão *hermenêutica* à interpretação de textos. Isso permite a proposição dela como uma disciplina filosófica garantidora dos pressupostos de validade quando de uma interpretação histórica, estando, nesse sentido, ligada aos processos de compreensão.

Fundamentalmente, a hermenêutica se torna, na concepção do autor, a ciência, isto é, o conhecimento sistemático que tem por objetivo interpretar aquilo que o ser humano registra por meio da escrita – expressão da simbiose entre o mental e o biológico. Sendo assim, vem à luz a ideia de que a hermenêutica assume a responsabilidade metodológica de justificar aquilo que se compreende dos escritos. Sem dúvida alguma, tal método pode ser aplicado à existência humana em suas diversas manifestações.

As reflexões de Dilthey tiveram como ponto de partida as teses de Schleiermacher. Tecendo críticas, no sentido de assumir as posturas ou não, os pressupostos daquele vêm à tona. Assim, a análise da compreensão de Schleiermacher torna-se a base de justificação para regras de interpretação – o que é interessante do ponto de vista teórico, pois assegura que as interpretações válidas são uma realidade possível. Compreender algo é uma construção reformulada do processo de criação de algo.

Em suas investigações, o autor discorreu sobre os pontos de convergência e divergência entre as ciências naturais e as humanas. Tal empreendimento tem por intuito encontrar um método eficaz para promover uma justificação das teorias das ciências humanas. Um dos problemas mais significativos das ciências positivas – as naturais – é que, para todo tratamento ou abordagem, a questão histórica é desconsiderada e, portanto, mutilada.

De que modo, então, é possível seguir uma investigação em ciências humanas sem abrir mão do rigor metodológico das ciências naturais? A proposta de Dilthey se construiu com base na consideração do humano como produtor de sentido e detentor de vontades, sentimentos, reflexões e pensamentos. Sendo assim, a evidência da realidade externa relaciona-se efetivamente ao fato da consciência de si por parte do indivíduo. Nessa relação da percepção sensorial com a introspecção reflexiva, um método para uma abordagem em ciências humanas se insinua. Em suas reflexões, Dilthey indicava o caminho independente das ciências naturais percorrido pelas ciências humanas. A natureza afeta o sujeito pela causalidade da matéria, o qual busca, com sua vontade e seu agir, interferir no espaço da causalidade, na realidade física.

> A tensão entre filósofos empiristas e cientistas, com base no pensamento contemporâneo, está relacionada à aplicação de cálculos matemáticos e experimentos pautados pela observação, utilizados nas ciências humanas, especialmente na filosofia, para dissolver os inúmeros problemas abordados por essas disciplinas.
> Por outro lado, existe um grupo de teóricos que defende a "frieza" desse tipo de tratamento, pois é o humano que está em evidência em suas abordagens, o qual é, essencialmente, interpretação. Portanto, o método hermenêutico se apresenta como uma proposta efetiva de trabalho em ciências humanas.

Para Dilthey, os resultados produzidos pela ciência acerca do indivíduo são possíveis por meio da explicitação, ou seja, da demonstração e da descrição da hermenêutica, identificando que seu desenvolvimento ocorreu do mesmo modo que nas ciências naturais. Em ambas as situações, o nexo causal é um elemento fulcral: nas ciências naturais, os dados sensoriais se apresentam ao sujeito e ele produz sínteses; já nas ciências humanas, a realidade interna experimentada produz um nexo que é apreendido pela consciência e, por sua vez, compreendido. O problema é tornar esse dado da compreensão individual um dado objetivo, pois os indivíduos existem de forma plural e a reconstrução do sentido é dada pelo reconhecimento de sinais expressos por outra realidade psíquica.

A interpretação e a compreensão estão em paralelo na dinâmica hermenêutica. *Interpretar* é valer-se de regras para compreender dados externos de realidades internas – o psíquico. O espaço em que a efervescência da interioridade da vida humana se mostra é a linguagem. Por meio da hermenêutica, ela nos permite interpretar e compreender a interioridade do outro de forma objetiva. O procedimento hermenêutico, ao se dirigir ao texto – conteúdo escrito e registrado do humano –, torna compreensível a vida interior de um sujeito objetivamente. O *compreender*, para Dilthey, pode ser traduzido da seguinte maneira:

1. Processo em que tomamos expressões corporais, textuais ou jurídicas para fomentar algum conhecimento objetivo da realidade psíquica.
2. O aspecto da estrutura cognitiva é o elemento determinante para os resultados da compreensão.
3. Quando tomamos um texto e aplicamos uma investigação exegética orientada por regras, há um processo interpretativo.
4. A técnica interpretativa é um procedimento que exige entendimento, estudo e prática quando da necessidade de aplicação de regras.
5. As ciências humanas tomam o método hermenêutico como seu instrumento fundamental.
6. A compreensão se apresenta como objeto de estudo, investigação e análise das ciências humanas.

Tudo o que foi apresentado até aqui tem como *background* a vida humana. O sujeito vivo em um contexto, um momento ou uma cultura, dentro de uma história, é o fundamento do estudo de Dilthey sobre a hermenêutica. A realidade física afeta-nos violentamente e, ao mesmo tempo, enfrentamos a natureza com nossa ação pautada por uma volição. A vida, portanto, é o fio condutor dos estudos das ciências humanas, pois nela estão condensados tanto o físico quanto o psíquico. Em ambos os casos, é possível abstrair, ou seja, pensar conceitual e reflexivamente sobre objetos naturais e psíquicos de ordens mental e espiritual.

A distinção feita pelo autor não deve ser tomada como uma proposta de desvinculação entre as ciências humanas e as naturais. Aquelas não apenas se utilizam de fatos positivos das ciências como também refletem sobre eles. Um exemplo cabal é o cérebro: o estudo desse órgão pode depender de uma abordagem neurobiológica, neurocientífica ou neurológica – tanto uma fisiologia do cérebro quanto uma teoria da mente. Na abordagem das ciências humanas, é possível trabalhar de forma distinta os fatos físicos e sua relação com o humano. Sendo assim, o trabalho do humano é, por um lado, sintetizar os dados sensíveis que são recebidos da natureza e, por outro, voltar para os movimentos da vida, em que há sentido, valores, intenções e volições. É nesse sentido que as ciências humanas se diferenciam das naturais.

Com base nas ideias de Dilthey, o mundo da interioridade é, de certa maneira, o espaço de preocupação das ciências humanas. É seu objeto de estudo, e o modo de acessá-lo é dado pela hermenêutica. A compreensão tem responsabilidade primordial na interpretação de expressões, que devem ser consideradas em função da elaboração de significados dados pelas construções totalizadoras de humanidade. O autor defende que só compreenderemos aquilo que o humano é, aquilo que somos, se submetermos as experiências ao crivo da própria vida e da dos outros.

Experiências, expressões e compreensão são alguns dos elementos da análise de Dilthey. As discussões introdutórias apresentadas nesta seção serão tratadas de modo mais específico adiante, quando retomaremos as reflexões desse filósofo.

3.2
Hermenêutica filosófica e universalização no pensamento de Schleiermacher

Nesta seção, de maneira geral, exploraremos a questão da gramática em suas nuances signativas – na constituição do sistema linguístico em uma cultura, da psicologia por meio do elemento subjetivo envolvido em toda a construção interpretativa e da linguagem como um elemento importante para a possibilidade da hermenêutica. Tais ideias serão emolduradas, na reflexão de Schleiermacher, pela noção de *universalização* do processo de compreensão na reconstrução do sentido de algo. Esse filósofo esclarece quando a hermenêutica deve atuar: "Em todo lugar onde houver qualquer coisa de estranho, na expressão do pensamento pelo discurso, para um ouvinte, há ali um problema que apenas pode se resolver com a ajuda de nossa teoria" (Schleiermacher, 2000, p. 31).

A hermenêutica, para Schleiermacher, tem a finalidade de reconstruir o sentido de um enunciado e, para isso, é necessária a compreensão da língua do seu autor. Nessa perspectiva, precisamos de uma inscrição cultural, que pode ser entendida epistemologicamente, isto é, temos de nos aprofundar em determinada forma de vida, que traz consigo expressões linguísticas, para compreender e reconstruir o sentido de algo. Desse modo, a interação entre as expressões de um autor é efetivada em sintonia com sua plateia.

> Para iniciar um processo de interpretação, é fundamental que o intérprete tenha conhecimento da linguagem utilizada pelo autor. A dificuldade se apresenta quando notamos a pluralidade e a dinamicidade da linguagem, pois expressões linguísticas nascem e morrem com o passar do tempo.

Para iniciar um processo de interpretação, é fundamental que o intérprete tenha conhecimento da linguagem utilizada pelo autor. A dificuldade se apresenta quando notamos a pluralidade e a dinamicidade da linguagem, pois expressões linguísticas nascem e morrem com o passar do tempo. Por isso, o estudo e o contato com as variantes do idioma, especialmente daquele falado à época do autor, são elementares para um primeiro procedimento hermenêutico.

Todas as vezes que o autor escreve um texto, ele tenta comunicar algo para seus interlocutores. Isso significa que a linguagem se apresenta e funciona mediante um uso público. É nesse fluxo do acontecimento da linguagem, especialmente ao recriar seu sentido, que o intérprete deve se situar para poder falar sob a perspectiva do autor. O filósofo quer "compreender um autor melhor do que ele de si mesmo pode se dar conta" (Schleiermacher, 2000, p. 39.) Os mal-entendidos surgem quando tentamos reconstruir, por meio de uma compreensão atual da linguagem, o sentido de algo que está fora de nosso tempo. Por exemplo: uma pessoa do início do século XX, provavelmente, ficaria desesperada se alguém dissesse que lhe passaria um torpedo, por não saber que esse termo se refere a uma mensagem rápida. Por sinal, essa já é uma expressão ultrapassada. A moda hoje é o WhatsApp e, daqui a alguns anos, certamente haverá outros modos de enviarmos mensagens.

Não há dúvidas de que a ideia veiculada por Schleiermacher procede – de que o lugar onde o autor está situado e o momento da cultura e da história, com suas manifestações, influem decisivamente no processo de determinação do significado da linguagem. Um dispositivo importante, mas que não será trabalhado aqui, é o da metáfora, que auxilia o intérprete e a comunidade de fala a (re)criar sentidos para as expressões da linguagem. A metáfora só é compreendida por meio de seu contexto de fala. Para determinarmos o significado de algo na linguagem, devemos contextualizar o todo do enunciado, com vistas a compreender suas partes ou vice-versa. Em última análise, a palavra precisa estar em comunicação com as demais ao seu redor, em todas as perspectivas possíveis. É de acordo com o contexto que as especificidades interpretativas são trazidas à luz.

A questão da gramática é posta como um primeiro desafio à possibilidade de compreensão dos enunciados emitidos ou escritos por algum autor. Conforme Schleiermacher, a interação e o compartilhamento da língua com a comunidade permitem ao intérprete reconstruir o sentido de algo.

A questão psicológica se mostra como uma espécie de fenômeno complementar da questão gramatical. De todo modo, tanto uma quanto a outra estão alinhadas no processo de interpretação. Um dos objetivos da interpretação ligada ao aspecto psicológico é tornar compreensíveis os pensamentos de um autor em dado momento contextual ou em uma situação particular de sua vida. Em outras palavras, é reconstruir o pensamento de outrem e entender as formas como ele é explicitado.

A relação parte-todo é essencial para a construção do sentido. Para entendermos os elementos particulares – aqueles que constituem as partes secundárias –, bem como o ordenamento e a concatenação, precisamos ter uma compreensão da totalidade. Tal ideia estende-se ao produtor de algo, ao autor – quer dizer, ele precisa estar em relação de interdependência com a parte contextual que o produz. De certo modo, é o ato criativo que está em evidência em todo o processo de reconstrução do sentido.

Segundo Schleiermacher, existem regras próprias para se proceder com a hermenêutica. Em suma, uma leitura preliminar do texto auxilia em uma pré-compreensão no que se refere a seu problema central, a seus assuntos e aos gêneros textuais envolvidos. Do ponto de vista gramatical, estamos resolvidos, mas e do psicológico? O que queremos encontrar quando traçamos uma interpretação psicológica? Estamos procurando aquilo que dá vida ao texto, isto é, o que o impulsiona. Em ambos os vieses, o autor está em foco, em especial sua subjetividade.

> *Mesmo após essa repetida apreensão, toda compreensão sob esta visada superior, permanece somente provisória, e cada coisa nos aparecerá sob uma luz inteiramente distinta quando nós retornamos à obra particular após ter percorrido todo o domínio de composição que lhe é aparentado, após ter conhecido outras obras do autor, mesmo de gênero diferente, e, na medida do possível, a sua vida inteira.* (Schleiermacher, 2000, p. 54)

Apresentamos, a seguir, quatro etapas relativas às abordagens psicológicas da interpretação:

1. Localização da ideia central e do problema do texto por meio de uma leitura preliminar.
2. Identificação de gêneros literários, formas de expressão e de composição e conceitos específicos.
3. Organização e estruturação do texto elaborado pelo autor, de modo a sistematizar seu pensamento.
4. Percepção das influências recebidas do contexto em que o autor está inserido.

À luz do que apresentamos, uma ideia vem à tona: a interpretação gerada por uma perspectiva psicológica nos permitirá tomar a questão central expressa por um autor em determinada obra e, ao mesmo tempo, apontar o aspecto da liberdade na decisão de abordar o tema. Já a interpretação gramatical fará com que lancemos um olhar técnico sobre o produto do autor no sentido de percebermos os elementos gramaticais envolvidos.

No último momento desta seção, tecemos breves considerações sobre a ideia de *linguagem* e a possibilidade de compreensão das expressões da linguagem e de seus significados na perspectiva de Schleiermacher.

Para começo de conversa, o filósofo considera nossa linguagem um conjunto sistemático de signos, imagens ou sinais utilizados para compartilhar, descrever ou promover designações, tendo como base epistemológica nossa experiência. Esse pano de fundo nos assegura que toda experiência produz no humano uma impressão específica, denominada *sensação*. Esse dado empírico é submetido a conceitos que nos permitem enquadrá-lo a uma generalidade ou a uma particularidade, fazendo uso de uma referência linguística. É importante ressaltarmos que Schleiermacher se apropriou da **teoria do esquematismo de Kant** – talvez você já tenha se deparado com ela em algum momento. Nessa doutrina, de forma muito genérica, notamos que a relação entre sensibilidade e entendimento origina a realidade.

> De acordo com Schleiermacher, a hermenêutica é uma realidade graças à possibilidade de criar significado para os dados sensíveis que apreendemos e ao uso compartilhado que fazemos da linguagem.

Em Schleiermacher, a produção de generalidades têm como instrumento de intermediação o esquematismo. Temos uma ideia do conceito, mas ele se apresenta de forma indeterminada; conforme vai adquirindo mais experiências sobre tal conceito, o sujeito acaba por se modificar. A imagem geral de algo e seu conceito são produzidos pela experiência e, ao mesmo tempo, são compartilhados com outros sujeitos. Esse compartilhamento é a faculdade da linguagem que nos dá acesso às consciências individuais.

O indivíduo, em um contexto, um lugar na história, ao produzir conhecimento, ser determinado e influenciar na construção das compreensões, permite-nos pensar a pluralidade das coisas e, com isso, sua abertura à interpretação. Todos esses mecanismos estão envolvidos com o aspecto pragmático da linguagem, que prevê a importância dos usos em contextos específicos e seu compartilhamento, não esquecendo suas nuances e seus problemas.

Resumidamente, de acordo com Schleiermacher, a hermenêutica é uma realidade graças à possibilidade de criar significado para os dados sensíveis que apreendemos e ao uso compartilhado que fazemos da linguagem. Segundo o pensador, reconstruir o sentido de algo é, de certo modo, uma das preocupações da hermenêutica. Os elementos a serem considerados no processo interpretativo são: contexto; língua; comunidade de fala; receptores da mensagem; o próprio autor, com sua vida e seu momento histórico; e o tema que está sendo abordado.

3.3
Hermenêutica filosófica e compreensão no pensamento de Dilthey

Ao tratar dessa temática, Dilthey relacionou a compreensão de um indivíduo à de outras pessoas e das manifestações inerentes à vida. Para as ciências humanas e suas investigações, o objeto de investigação é a vida – uma situação em que se compartilham sentidos com base em nexos de causalidade dados por fatores físicos. No ato, isto é, no agir, todo sujeito toma consciência de si como alguém que está no devir da história. O que dá ânimo ao projeto filosófico do autor pode se resumir à tentativa de justificar os procedimentos e as atividades da razão na perspectiva kantiana, no fluxo da história. Se tomarmos a questão sob essa perspectiva, que diz respeito à temporalidade, haverá o desdobramento de um problema: a relação entre passado, presente e futuro na razão conforme o fluxo do tempo.

A temporalidade, ao ser experienciada pelo sujeito, produz uma compreensão das relações parte-todo que o constituem. Quando pensamos em algo ou, em outros termos, quando temos uma memória de algo físico – tomemos esse exemplo –, sempre o fazemos em referência a alguma preocupação ou manifestação da vida. Com isso, o sujeito, aquela interioridade que chamamos *subjetividade*, não se apresenta dissociado do objeto.

Os dados sensíveis, para Dilthey, estão relacionados à vida do sujeito. Essa seria, em uma primeira perspectiva, uma chave de leitura para a teoria hermenêutica do pensador. É aí que se constitui a relação parte-todo. Por exemplo: quando percebemos que uma chuva se aproxima, imediatamente pensamos em buscar algo para nos proteger. As experiências anteriormente vividas pelo sujeito lhe permitem recriar sentidos possíveis para lidar com os fenômenos.

Uma questão decorrente dessa reflexão é: quando o sujeito vive uma experiência e quando tem uma experiência vivida, estamos trabalhando com a mesma perspectiva. Essas experiências localizam-se no **mental** e surge a possibilidade de associar conceitos, sentimentos e objetivos. Quando o sujeito designa um sentido, ele está, por meio de sua unidade psíquica – relativa àquilo que denominamos *interioridade* –, produzindo um significado ao conjunto de impressões dadas pelo fluxo da vida no mundo do fenômeno. Com relação a essa temática, Dilthey (1984, p. 263) esclarece:

> *Em todos os casos, é através da integração numa experiência comum que se estabelece a relação entre manifestação de vida e vida mental. É assim se explica por que razão ela está presente na compreensão de todas as manifestações de vida e porque, sem qualquer processo dedutivo consciente baseado na relação entre expressão e coisa expressa, ambos os membros do processo se encontram fundidos na unidade da compreensão.*

O filósofo passa a pensar, então, que a experiência vivida de um sujeito e a capacidade de se autocompreender lhe permitirão compreender os outros. Essa interação subjetiva pode estender-se ao coletivo no que se refere à compreensão de outrem. No esteio dessa reflexão, atente-se à possibilidade do pensamento de algo externo e ao modo como isso permite a identificação dos aspectos internos. Em suma, Dilthey refletiu sobre a questão conceitual, a ideia de juízo e a formação dos pensamentos.

Essas três questões são postas na experiência vivida e, por meio delas, o sujeito manifesta sua interioridade para o mundo fenomênico externo.

Portanto, não são apenas os gestos que permitem ao sujeito que manifeste suas experiências internas; ele também pode expressá-las por meio da poesia, da música, das artes etc. Corremos o risco de falhar ao tentar encontrar ou recriar o sentido de algo produzido por outro indivíduo. Falhamos ao identificar o sentido de um gesto ou de uma manifestação artística, por exemplo, porque pode subsistir uma mentira, uma fraude ou uma ocultação por detrás deles. Tudo o que se vive e se produz por meio dessas vivências – experiências vividas, nas palavras de Dilthey – tem um limite quando submetido ao processo interpretativo, isto é, toda compreensão sempre será limitada e nunca será perfeita.

==A compreensão tem seu início em situações pragmáticas, ou seja, em situações práticas no cotidiano==. Nesse sentido, é possível compartilhar experiências subjetivas e criar um conjunto de significados, que, posteriormente, serão associados a elas. Sendo assim, o acesso à interioridade de outrem pode ser tomado como um evento possível. Um dos aspectos essenciais da compreensão é explicado por meio de uma interação fundamentada pelo nexo entre as expressões e a interioridade. Compreendemos algo imediatamente e não nos perguntamos sobre a anterioridade de uma estrutura em detrimento de outra, tampouco sobre sua conexão.

Há um processo de aculturação em que as manifestações da vida são absorvidas e ressignificadas no fluxo da história. Existe um espírito do tempo que se projeta objetivamente sobre as manifestações culturais produzidas por uma comunidade. Cabe mencionarmos que não vamos nos aprofundar nessa concepção diltheyana, a qual recebeu

> Não são apenas os gestos que permitem ao sujeito que manifeste suas experiências internas; ele também pode expressá-las por meio da poesia, da música, das artes etc.

influências de Hegel. De qualquer modo, em ocasião oportuna, você pode buscar informações sobre essa influência e recepção. Para fechar essa referência, o filósofo apontou que o espírito objetivo assume a responsabilidade de fazer com que os sujeitos se compreendam em suas manifestações.

À guisa do que estamos apresentando, é possível trabalhar com a compreensão de diversas manifestações. Para analisarmos uma peça teatral e tentarmos compreendê-la, por exemplo, temos de perceber as ações, as motivações e o caráter dos personagens com base em suas manifestações. Por fim, é necessário unir as partes constituintes da cena para recriar o sentido da totalidade.

Para compreender algo, é preciso apontar ou apresentar algum objeto. A realidade é o objeto de compreensão do sujeito e, por isso, está sempre aberta à interpretação. Podemos, nesse sentido, compreender uma obra de arte, um texto (em prosa ou em verso), uma lei ou mesmo a vida de outra pessoa. É importante salientarmos essa questão para mostrar que a *humanidade* – substantivo que reúne todos os indivíduos em uma classe – é o aspecto do ordenamento do grupo de sujeitos em suas manifestações.

A reflexão de Dilthey sobre a hermenêutica evidencia que o universal pode ser compreendido considerando-se um ordenamento. No caso, a compreensão do sujeito se dá a partir da questão da humanidade, uma espécie de espírito objeto que traduz a possibilidade de entendimento desse mesmo algo. No entanto, a particularidade dos indivíduos, embora estejam reunidos pela ideia de humanidade, manifesta-se em suas experiências individuais.

Por fim, o processo que resulta no funcionamento da teoria da compreensão postulada por Dilthey se dá a partir do momento em que o sujeito se apropria de uma cultura, isto é, quando do estabelecimento de nexo entre as experiências da vida, o compartilhamento destas e a própria empiria.

Resta-nos considerar que o sentido da experiência vivida é produzido por um *link* estabelecido no tecido do cotidiano, no espaço onde a vida se desenvolve. Portanto, se algo ocorre nesse espaço, todos os sujeitos compartilham dos sentidos produzidos, que expressam sentimentos, emoções, sensações e estados de alma. Ao ser imerso em uma cultura, o indivíduo torna-se capaz de estabelecer uma conexão entre seus estados interiores e as manifestações externas do ambiente. De certa maneira, todo esse mecanismo é chamado pelo filósofo de *compreensão*.

Apesar das ressalvas citadas anteriormente, o compartilhamento de conteúdos por meio da linguagem favorece a compreensão do outro em suas manifestações e em seu interior. Em suma, a compreensão que o sujeito tem de sua cultura, das outras pessoas imersas nela e de suas manifestações nos permitem dizer que somos seres interpretativos.

Síntese

Neste capítulo, discorremos sobre dois autores expressivos para os rumos da hermenêutica: Friedrich Schleiermacher e Wilhelm Dilthey. Abordamos, ainda que de forma introdutória, elementos do pensamento desses autores, especificamente os relativos à questão da hermenêutica, da interpretação. Fundamentalmente, trabalhamos em três momentos distintos. A princípio, tratamos das principais questões que envolvem os pensamentos filosóficos de ambos e explicamos que a hermenêutica é um método próprio das ciências humanas. Em um segundo momento, explicitamos o conceito de *universalização* no pensamento de Schleiermacher. Por fim, versamos sobre a ideia de *compreensão* no pensamento de Dilthey. As principais teses trabalhadas giram em torno destas duas proposições:

1. Schleiermacher considerava que a interpretação não poderia se limitar aos estudos das línguas clássicas, isto é, o grego e o latim. Sendo assim, o pensador postulou a ideia de uma hermenêutica universal para dar suporte às áreas específicas do conhecimento – a exegese bíblica, o direito e a própria filologia –, com o intuito de justificar a aplicação de regras interpretativas em diferentes áreas do conhecimento que se propõem a interpretar coisas.

2. Dilthey formulou uma proposta metodológica empirista para dar conta das investigações que as ciências humanas se propõem a executar. O pensador, ao recusar as ciências exatas como pressuposto metodológico de investigação das ciências humanas, levou em conta o sujeito de ação. Dilthey apontava como um problema o fato de as perspectivas idealistas da humanidade não fornecerem nenhuma objetividade à produção do conhecimento nessa área. A compreensão, em oposição à explicação, constitui-se em um instrumento eficaz das investigações dirigidas pelas ciências humanas.

Indicações culturais

As indicações a seguir propiciam o aprofundamento dos conteúdos trabalhados ao longo deste capítulo. Desse modo, elas possibilitam a ampliação do entendimento dos pensamentos hermenêuticos de Dilthey e de Schleiermacher sob diferentes pontos de vista. Além disso, os filmes e os livros expostos o instigam a buscar outras fontes e a construir reflexões sobre as questões levantadas.

Filmes

A EDUCAÇÃO proibida. Direção: Germán Doin Campos. Argentina: Eulam Produciones, 2012. 145 min.

A ONDA. Direção: Dennis Gansel. Alemanha: Constantin Film, 2008. 107 min.

Livros

D'AGOSTINI, F. **Analíticos e continentais**. São Leopoldo: Unisinos, 2002. (Coleção Ideias).

DESCARTES, R. **Discurso do método**. Brasília: Ed. da UnB, 1985.

DILTHEY, W. A compreensão dos outros e das suas manifestações de vida. In: GARDINER, P. (Org.). **Teorias da história**. 3. ed. Lisboa: Fundação Calouste Gulbenkian, 1984.

SCHLEIERMACHER, F. **Hermenêutica**: arte e técnica da interpretação. Tradução de Celso Reni Braida. 2. ed. Petrópolis: Vozes, 2000.

Atividades de autoavaliação

1. Com relação às etapas estabelecidas por Schleiermacher para as abordagens psicológicas da interpretação, marque V para as afirmações verdadeiras e F para as falsas:

    ( ) É necessário localizar a ideia central e o problema do texto por meio de uma leitura preliminar.

    ( ) É preciso identificar gêneros literários, formas de expressão e de composição e conceitos específicos.

    ( ) É necessário organizar e estruturar o texto elaborado pelo autor, de modo a sistematizar seu pensamento.

    ( ) É preciso conhecer as influências recebidas do contexto em que o autor está inserido.

    Assinale a sequência correta:
    a) F, F, V, V.
    b) V, V, F, F.
    c) V, V, V, V.
    d) V, F, V, F.
    e) F, F, F, F.

2. Para Schleiermacher, a hermenêutica se caracteriza como:
    a) o estudo da estrutura sígnica da linguagem.
    b) a ciência da vida.
    c) a investigação da influência da ciência na humanidade.
    d) a arte da interpretação.
    e) Nenhuma das alternativas anteriores está correta.

3. Para Dilthey, o método hermenêutico é entendido como um processo de:
    a) compreensão.
    b) lógica.

c) sintaxe.
   d) reflexão.
   e) Nenhuma das alternativas anteriores está correta.

4. Conforme Schleiermacher, em um processo de interpretação, é fundamental que o intérprete:
   a) esteja sintonizado com as novas tecnologias.
   b) ocupe-se de atividades educacionais.
   c) tenha algum conhecimento acerca da linguagem utilizada pelo autor.
   d) invista no entendimento da política.
   e) Nenhuma das alternativas anteriores está correta.

5. Dos enunciados a seguir, qual não se refere ao conceito de *compreensão* de acordo com Dilthey?
   a) É um processo em que tomamos expressões corporais, textuais ou jurídicas para fomentar algum conhecimento objetivo da realidade psíquica.
   b) Quando tomamos um texto e aplicamos uma investigação exegética orientada por regras, há um processo interpretativo.
   c) A técnica interpretativa é um procedimento que exige entendimento, estudo e prática quando da necessidade de aplicação de regras.
   d) A arte de interpretar, que existiu somente até o período da Grécia Antiga, esteve sempre vinculada às ciências da natureza.
   e) A compreensão se apresenta como objeto de estudo, investigação e análise das ciências humanas.

Atividades de aprendizagem

Questões para reflexão

1. Com base no que estudou neste capítulo, construa um texto dissertativo (no mínimo, 30 linhas) relacionando as teses de Schleiermacher e Dilthey no que se refere à interpretação, à universalização e à compreensão. Na construção textual:
   - apresente a definição de *interpretação* considerando a abordagem do texto apresentado nesta obra;
   - responda à questão: A interpretação deve se propor ou não à universalização?;
   - analise em que situações *compreender* pode ser considerado sinônimo de *interpretar*.

2. Schleiermacher e Dilthey são fundamentais para a elaboração filosófica das concepções hermenêuticas modernas. Escreva um texto argumentativo (no mínimo, 30 linhas) sobre a relação entre a interpretação e as ciências humanas. Na construção textual:
   - explique a importância de Schleiermacher e Dilthey para a constituição de um método hermenêutico;
   - responda à seguinte questão: Tendo como pano de fundo as discussões de ambos os teóricos, podemos afirmar que a hermenêutica é uma ciência?;
   - relacione linguagem, método e interpretação.

Atividades aplicadas: prática

1. Assista a um dos filmes sugeridos na seção "Indicações culturais" e produza uma dissertação crítica (no mínimo, 30 linhas) sobre ele. Evidencie os aspectos que nos permitem pensar sobre a questão

interpretativa no pensamento de Schleiermacher e Dilthey, analisando-os no contexto atual. Para produzir o texto, responda às seguintes questões:

- À luz da temática desta obra, qual é a mensagem transmitida pelo filme?
- Quais são os pontos de aproximação e de distanciamento entre a época retratada no filme e a atual?

2. Elabore um texto dissertativo (no mínimo, 30 linhas) sobre a compreensão e seus enunciados no pensamento de Dilthey, buscando explorar os principais conceitos.

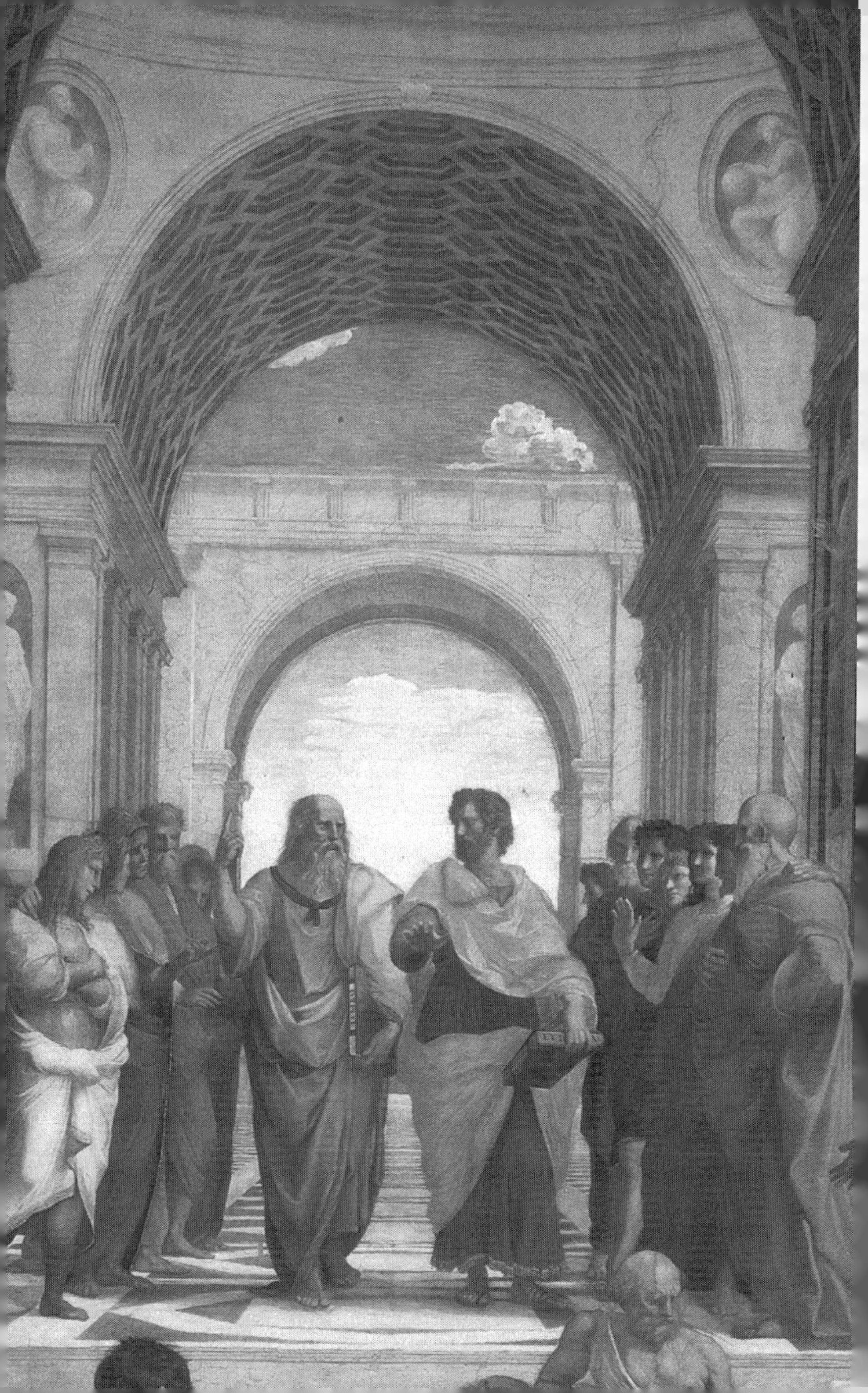

4

Hermenêutica filosófica de Heidegger*

---

* Este capítulo foi escrito com base nos seguintes livros: *A caminho da linguagem* (2003), *Ser e tempo* (2005) e *Ontología: hermenéutica de la facticidad* (2008), de Martin Heidegger.

Martín Heidegger, um dos expoentes da filosofia existencial contemporânea, também fez uma profunda análise sobre a hermenêutica em suas obras. Quando ingressou na Universidade de Freiburg, ele já conhecia muito bem a hermenêutica de Schleiermacher e a filosofia de Dilthey. Para entendermos a filosofia hermenêutica de Heidegger, precisamos nos ater a alguns conceitos que influenciaram sua concepção filosófica, como **fenomenologia, facticidade** e **ontologia**.

A fenomenologia precisa descrever as coisas como elas são em si mesmas, isto é, como elas são, de fato, experimentadas, sem incorporar aspectos cotidianos e pressuposições ordinárias. Contudo, para Heidegger, antes de buscarmos conhecimento sobre os objetos, precisamos compreender o significado do ser, ou seja, a filosofia deve se preocupar, primeiramente, em descrever como o *Dasein* se autocompreende. Esse conceito é central na filosofia heideggeriana. Esse termo, em geral traduzido por "ser-aí" ou "ser-lançado-no-mundo", quer dizer que o homem, um ente destacado dos demais, tem uma compreensão do ser que lhe permite investigar o *Dasein*. Sendo assim, essa descrição deve ser fenomenológica, e o exame hermenêutico é uma compreensão interpretativa que devemos fazer de nós mesmos e dos modos de ser do *Dasein*.

> O termo *Dasein* é formado por *da*, que significa "aí", e *sein*, que significa "ser", portanto a tradução literal é "ser-aí". Contudo, *sein* também pode ser traduzido para o português como "estar". Essas duas possibilidades devem ser levadas em consideração a depender do contexto. O *da* também indica o fato de o homem estar sempre em uma situação, lançado nela e em relação a ela.

A princípio, analisaremos a filosofia de Heidegger no cenário atual e, posteriormente, mostraremos como a ontologia e a hermenêutica estão presentes em sua obra. Para isso, estudaremos o conceito de *hermenêutica da facticidade*, proposto pelo autor em um curso de 1923. Por fim, desenvolveremos a noção de compreensão na obra *Ser e tempo* e sua importância para a hermenêutica contemporânea.

4.1
Filosofia de Heidegger

Nascido em 1889, na cidade de Messkirch, na Alemanha, Martin Heidegger ingressou na Universidade de Freiburg em 1909 para estudar Teologia. Como aluno de Heinrich Rickert, em 1913, recebeu o título de doutor em Filosofia com a tese *A doutrina do juízo no psicologismo*. Em 1915, obteve qualificação para o ensino dessa disciplina com o texto *A doutrina das categorias e da significação em Duns Scotus*. Em 1919, ministrou um curso sobre a ideia da filosofia e o problema das visões de mundo. Em 1922, escreveu a introdução para um livro sobre Aristóteles, intitulada "Indicação da situação hermenêutica", tendo em vista uma vaga para professor em Marburg, na Alemanha. Em 1923, quando lecionava em um curso chamado *Ontologia: a hermenêutica da facticidade*, aceitou a vaga para professor em Marburg. Em 1927, publicou *Ser e tempo* e, em 1928, tornou-se professor na Universidade de Freiburg. Em 1933, tornou-se reitor da universidade, proferindo o discurso intitulado *A autoafirmação da universidade alemã*; contudo, um ano depois, renunciou ao cargo. Entre os anos de 1936 e 1938, escreveu *Contribuições à filosofia*. Em 1945, foi proibido de lecionar em virtude de suas audiências de desnazificação. Dois anos mais tarde, publicou *Carta sobre o humanismo*. Em 1951, voltou a lecionar como professor emérito. Em 1959, publicou a obra *A caminho da linguagem*. Em 1976, veio a falecer, na cidade de Freiburg, na Alemanha (Schmidt, 2014).

A obra de Heidegger que mais causou impacto na filosofia contemporânea é *Ser e tempo*, cujo objetivo é apresentar uma nova ontologia capaz de determinar o sentido do ser. A partir de 1930, Heidegger abandonou tal concepção e passou a analisar o próprio ser como caminho para sua autorrevelação.

Como podemos tratar da hermenêutica nessa obra? Primeiramente, precisamos apontar em que ponto Heidegger inicia sua discussão sobre a questão do ser, isto é, de que forma utiliza a fenomenologia como método de interpretação do *Dasein*. Posteriormente, devemos elucidar o modo como as coisas se mostram com base na experiência do *Dasein* e como ele influencia o desenvolvimento da hermenêutica contemporânea.

4.2
Ontologia e hermenêutica no pensamento de Heidegger

Como mencionamos, em 1923, Heidegger ministrou um curso chamado *Ontologia: a hermenêutica da facticidade**. A ontologia é o estudo do ser e, portanto, devemos investigar a forma como o sentido é conferido a ele. Um dos problemas relacionados ao modo como a filosofia moderna entende a ontologia é o seguinte: aquilo que é significado pelo ser se apresenta por meio de uma análise de objetos e, em razão disso, a ontologia moderna não se preocupa em analisar o humano.

Para compreendermos o objetivo e a importância desse curso, devemos, primeiramente, entender o significado do termo *facticidade*, para, depois, apresentarmos alguns elementos sobre o conceito de *ontologia*.

Facticidade significa um modo particular de ser do *Dasein*. De acordo com Heidegger (HF, 5, tradução nossa), "Mais precisamente, esta expressão significa: em cada caso 'este' *Dasein*, em seu estar-aí por um período na época particular [...] enquanto ele estiver, no caráter de seu ser, 'aí' na forma de estar-estando". Analisamos, a seguir, alguns pontos dessa citação:

---

* Neste capítulo, usaremos as siglas convencionais para nos referirmos às obras de Heidegger: SZ para *Ser e tempo* e HF para *Ontologia: a hermenêutica da facticidade*. O número refere-se ao aforismo/parágrafo no livro. Para as obras de comentadores, será usada a citação convencional, com autor, data e página.

- **"estar-aí por um período na época particular"**: o ser como *Dasein* é alguém que vive em determinado tempo e em dado período histórico. Ele não pode abandonar tal contexto, estando imerso na historicidade do tempo respectivo.
- **"[estar] 'aí' na forma de estar-estando"**: o modo de ser está em *Dasein*, e não em um objeto, isto é, trata-se da forma como se vive e se está presente. A maneira como o *Dasein* se apresenta é uma manifestação ativa da própria vida. A vida fática é uma articulação do modo de ser.

A condição do ser humano dada pela facticidade é a de que ele está imerso em um contexto e em uma tradição e sua projeção está aberta a novas possibilidades. Gadamer (2007) explica a facticidade como uma situação da qual não se pode retornar, o que nos parece, de imediato, um problema, partindo-se do pressuposto de que a vida humana é algo estabelecido; entretanto, devemos entender que a vida não é algo isolado em um contexto e em determinado fluxo temporal. A facticidade da vida está carregada de significações do passado e aponta uma série de possibilidades com relação ao futuro.

Por estarmos em um fluxo temporal, fazemos, a todo instante, projeções futuras com base em conhecimentos adquiridos no passado. Dessa forma, temos consciência de nossa existência, pois vivemos abertos a possibilidades. Por isso, o trecho "aquilo do qual não se pode retornar" soa, de certa maneira, estranho, pois dá a entender que sempre devemos partir do presente, o que não se confirma aqui. Nosso presente não está encerrado em si mesmo, mas contido em um contexto determinado e influenciado por conhecimentos adquiridos. Por esse motivo, dizemos que a vida fática é uma estrutura fundamental

> A condição do ser humano dada pela facticidade é a de que ele está imerso em um contexto e em uma tradição e sua projeção está aberta a novas possibilidades.

da existência humana, pois possibilita uma compreensão adequada do ser humano. Sendo assim, são provenientes dela diferentes modos de ser. A facticidade acompanha a análise hermenêutica na obra de Heidegger. Portanto, o segundo conceito analisado será o de *hermenêutica*.

Nossa primeira constatação é que esse conceito deve ser discutido em relação à facticidade, ou seja, trata-se de um modo de abordar, concentrar, questionar e explicar essa condição. O termo *hermenêutica* está relacionado a *intérprete, interpretação* e *interpretar*. Como mencionamos, sua origem pode ser atribuída ao deus mensageiro Hermes, que tinha a função de interpretar para os seres humanos as mensagens dos deuses.

Entretanto, ao longo da tradição filosófica, outros pensadores tentaram traduzir esse termo. Para Platão, os poetas eram os mensageiros dos deuses, e os rapsodos, seus intérpretes. Seu papel era comunicar e reproduzir uma notícia, uma informação, dos deuses. Para Teeteto – um matemático que, além de intitular, figura na obra de Platão –, a hermenêutica era um discurso que comunicava aspectos teóricos e práticos da vida humana. Para Aristóteles, a fala era o modo fático de se realizar a comunicação sobre algo. Por meio dela, é possível descobrir, conhecer, desocultar e colocar à vista e à disposição algo que está escondido ou encoberto.

Se déssemos continuidade a essa explanação, perpassaríamos toda a história da filosofia apresentando a concepção de hermenêutica para os mais diversos pensadores. Porém, podemos dar um salto histórico. O tema da *hermenêutica* ganha uma nova conotação na contemporaneidade. Por exemplo: na visão de Schleiermacher, é uma arte ou uma técnica de compreensão, sem nenhuma ligação com a vida. Para ele, deveria existir uma hermenêutica universal com uma metodologia formal pura, capaz de analisar tanto textos teológicos quanto filológicos. Já para Dilthey, a hermenêutica, contando com uma metodologia universalmente válida, poderia garantir que proposições fossem analisadas rigorosamente, como acontece no método científico. Por sua vez, para Heidegger, a hermenêutica não pressupõe somente uma interpretação, mas uma autointerpretação sobre a facticidade. Em outras palavras, é uma unidade na realização do comunicar, em que a facticidade é encontrada, vista, compreendida e expressada pelos conceitos.

A tarefa da hermenêutica é tornar acessível o *Dasein*, isto é, comunicá-lo, descobri-lo como possibilidade de seu vir-a-ser, tornando-o capaz de se autocompreender. A compreensão, nesse caso, é a forma como ele está desperto para si, o que faz da interpretação parte do seu modo de ser. A hermenêutica, então, é um modo de ser do *Dasein*, de maneira a torná-lo capaz de se conhecer. Com Heidegger, descobre-se o modo real de ser *Dasein*, considerando-se a hermenêutica da facticidade.

Mas quando e como essa autointerpretação ocorre na vida? A interpretação não é um modo artificial de análise, pelo contrário, deve ser entendida como um modo de ser do *Dasein*, ou seja, como uma de suas possibilidades. Por meio dela, o *Dasein* se descobre para si de maneira clara. A hermenêutica, então, apresenta-se como ontológica, fatual e temporalmente anterior a concepções científicas. É ontológica porque, primeiramente, compreendem-se as formas possíveis nas quais o *Dasein* se manifesta, para, depois, entenderem-se as coisas do mundo. É fatual e temporalmente anterior a concepções científicas porque acabamos nos interpretando e, a partir daí, começamos a interpretar as coisas do mundo.

> A tarefa da hermenêutica é tornar acessível o *Dasein*, isto é, comunicá-lo, descobri-lo como possibilidade de seu vir-a-ser, tornando-o capaz de se autocompreender.

Dessa discussão surge aquilo que Heidegger chama de *existenciais*, isto é, as formas como o *Dasein* existe, as quais o tornam um ser possível.

Isso quer dizer que o ser-aí tem diversas escolhas a fazer e, portanto, na vida fatual, está sempre se modificando em relação a alguma coisa e baseado em algo. Toda essa mudança se remete a casos particulares. Em outras palavras, ao nos modificarmos, escolhemos uma possibilidade entre tantas de acordo com nosso contexto pessoal, isto é, baseados na autointerpretação. Assim, "a hermenêutica da facticidade significa a autocompreensão interpretativa de *Dasein* que ele tem de si mesmo na vida fática" (Schmidt, 2014, p. 87).

Por isso, Heidegger usa a fenomenologia como método capaz de dar acesso ao *Dasein*, sem fazer uso de pressuposições impostas pela tradição e pela vida cotidiana. O autor retoma o sentido grego do termo, que tem origem em uma palavra que significa "mostrar". Sendo assim, uma investigação fenomenológica deve abordar os objetos como eles se mostram em si mesmos. Contudo, se nos amparamos somente na tradição para analisar um objeto ou uma coisa, podemos ter uma compreensão imprecisa da situação. Dessa forma, precisamos retomar elementos antigos da filosofia, principalmente os de Aristóteles, a fim de recuperar a dimensão original, que foi encoberta. Mas o que isso significa?

Como mencionamos, para os gregos, tal dimensão permitia que os objetos analisados se apresentassem em si mesmos, ou seja, sem pressuposições impostas pela tradição. Porém, em um contexto contemporâneo envolvido pela metafísica, tal dimensão tem de ser adaptada. Então, se o objeto a ser investigado está encoberto, devemos descobri-lo e, portanto, precisamos usar a fenomenologia em um sentido radical. Devemos abandonar esse objeto por completo e, só depois, livres de interpretações da tradição, retomar a análise inicial e real dele. Para essa tarefa, Heidegger une a fenomenologia ao conceito de *indicação formal*.

De acordo com Schmidt (2014, p. 89), "uma indicação formal é um conceito ou estrutura que está entre o fluxo temporal da vida e um conceito ou estrutura justificada". Em outros termos, trata-se de uma direção a ser seguida, da indicação de um caminho certo que a investigação pode tomar. Contudo, quando ela se baseia em pressuposições universais e fixas, acaba sendo mal compreendida. Em resumo, uma análise hermenêutica sobre algo requer uma investigação posterior, a fim de descobrir a estrutura e o conceito real da coisa apresentada inicialmente. Por isso, quando dizemos que o *Dasein* está no mundo, precisamos de tal análise para que este seja compreendido corretamente.

Nossa próxima análise refere-se à ontologia. A obra *Ser e tempo*, de certa maneira, consagrou Heidegger no cenário filosófico contemporâneo. Para começarmos a entendê-la, precisamos ter claro que o autor buscou uma nova maneira de perguntar pelo significado do ser. Em sua visão, três preconceitos obscurecem essa problemática:

1. Muitos pensadores acreditam que o *ser* é um conceito universal.
2. Alguns creem que tal conceito é indecifrável e indefinível.
3. O conceito de *ser* é, por si mesmo, evidente; caso contrário, não saberíamos do que estamos falando.

Como podemos ter acesso ao significado do ser? A princípio, precisamos de um ente em particular que tenha certos modos de ser, como "penetração, compreensão, solução, escolha, acesso – são momentos constitutivos da busca e, ao mesmo tempo, modos de ser de determinado ente, mais precisamente daquele ente que, nós que o buscamos, já somos" (SZ, 7). Portanto, antes de buscarmos entender o significado do ser, devemos nos questionar e investigar o ser do próprio *Dasein*. Feito isso, tal análise nos conduzirá ao ser em geral. Como o homem propõe a pergunta pelo significado do ser, é a ele, primeiramente, que a análise deve se dirigir.

Para Heidegger, existem os níveis ontológicos e ônticos do ser. "A ontologia significa o corpo de conhecimento organizado sobre as formas diferentes que as entidades são, enquanto que 'ôntico' se refere às formas reais que seres individuais são" (Schmidt, 2014, p. 92). Desse modo, o nível ontológico refere-se a características comuns a todos os seres humanos, como a capacidade de sentir emoções, e o nível ôntico, à manifestação individual de determinada característica ontológica, como a capacidade de sentir medo, alegria ou angústia. Este último exemplo está dentro de uma estrutura maior, que é a ontologia.

Além de se relacionar com seu próprio ser, o *Dasein* preocupa-se com esse ser, fato que não interessa a outras entidades. Dessa forma, a essência da existência é dada como uma possibilidade de atuação, que, consequentemente, pressupõe uma escolha. Heidegger criou um termo para caracterizar a exemplificação ôntica do ser-aí: *existentielle*. Cada *Dasein* tem uma forma particular de compreensão do seu modo de ser, isto é, por meio da escolha, ele decide o que poderia ser.

Nesta seção, enquanto tratamos da hermenêutica em Heidegger, tentamos compreender essa teoria, não é? Podemos dizer que essa tentativa de compreensão é um *existentielle* de nosso modo ôntico de ser. Convém ressaltarmos que existem formas distintas de compreensão de outros sujeitos que também representam aquilo que chamamos de *existencial*.

No entanto, o que, de fato, o *Dasein* pode compreender? Somente a si mesmo? Não. Além de si, ele pode compreender outras coisas e outros indivíduos. No entanto, antes de se criar qualquer ontologia, é preciso compreender o *Dasein* em sua forma de ser e investigar suas estruturas. Foi por isso que Heidegger criou a ontologia fundamental.

Para um acesso correto aos modos de ser do *Dasein*, Heidegger elegeu o método fenomenológico. Ao longo da história da filosofia, o *Dasein* foi entendido como o modo de ser de um objeto, repleto de pressuposições do investigador. De acordo com o autor, o acesso deve vir das próprias coisas e se mostrar a si mesmo em seus próprios termos, por meio de uma fenomenologia que ele reanalisa com base no grego, para evitar confusões oriundas da tradição filosófica. O filósofo define a fenomenologia da seguinte forma: "deixar o que se mostra ser visto a partir de si mesmo, no momento em que ele se mostra a partir de si mesmo" (SZ, 34). Uma vez que o ser das coisas aparece como algo distorcido e obscuro, surge a necessidade de se revelar o significado do ser, tarefa que somente a fenomenologia é capaz de executar.

> O termo *fenomenologia* provém de duas palavras: *fenômeno* e *logos*. A primeira deve ser entendida como aquilo que se mostra por si mesmo, ou seja, que é manifesto. A segunda tem várias traduções, contudo seu significado central é "linguagem/fala", por meio da qual devemos nos expressar. *Logos* também está ligado ao conceito de *aletheia*, ou "descobrimento".

A partir do momento que investigamos o significado do ser por meio de uma análise concisa dos modos de ser do *Dasein*, isto é, de uma ontologia fundamental, percebemos que o significado do método fenomenológico é a interpretação. Ao investigarmos, fenomenologicamente falando, o *Dasein*, estamos tentando interpretar a compreensão de seus modos de ser, a fim de revelar as estruturas básicas destes, ou seja, seus existenciais, as formas nas quais são manifestadas as características ônticas do ser-aí.

Podemos elencar, na obra de Heidegger, três significados para a *hermenêutica*:

1. Refere-se ao trabalho da interpretação como proposto por Schleiermacher.
2. Trata-a como algo que detalha as condições de possibilidade da investigação ontológica, uma vez que, por meio do *Dasein*, sua autocompreensão se torna precondição para qualquer outra ontologia.

3. Se o modo de ser do *Dasein* é a existência e a hermenêutica busca uma interpretação do ser do *Dasein*, então devemos pressupor uma análise da própria existência. Em outras palavras, a hermenêutica busca, com uma compreensão interpretativa, os modos de ser do *Dasein*, o que nos leva a analisar tal existência, com vistas a responder à pergunta sobre o sentido do ser. Essa é uma proposta nova, uma vez que Schleiermacher propunha a hermenêutica universal como uma arte pela qual poderíamos compreender corretamente o que as pessoas exprimiam por meio da linguagem, e Dilthey considerava a hermenêutica uma interpretação de textos escritos, a fim de preservar a validade universal da interpretação histórica.

> Segundo Heidegger (SZ, 37), "A fenomenologia do *Dasein* é a hermenêutica no significado original dessa palavra, que designa o trabalho da interpretação".

Até o momento, apenas indicamos o caminho que devemos seguir para conciliar a ontologia à hermenêutica em Heidegger. Para aprofundarmos esse tema, precisamos analisar algumas relações do *Dasein*, como o significado de *ser-no-mundo* e de *ser-com-os-outros*.

O papel da hermenêutica em Heidegger é a compreensão dos modos de ser do *Dasein*, entretanto a própria compreensão já é um existencial, ou seja, um desses modos. Sendo assim, antes de analisar esse papel, precisamos entender o próprio ser-aí.

O ser do *Dasein* é sua existência e, como tal, ele sempre se relaciona. Dessa forma, descobrimos, por meio da hermenêutica, que esse ser tem possibilidades e, portanto, faz escolhas e é capaz de se autocompreender. Pode ser autêntico, à medida que escolhe e vence, ou inautêntico, quando não é capaz de se descobrir. Na maioria das vezes, não é compreendido hermeneuticamente, porque está preso à tradição. Diante disso, revela-se que o *Dasein* tem como modo básico de ser o **ser-no-mundo**. O que isso significa?

O primeiro aspecto que devemos identificar é que o *Dasein* está no mundo, isto é, ele habita um lugar, com o qual tem familiaridade. De que modo as coisas do mundo se mostram ao *Dasein* como um ser-no-mundo? Heidegger utiliza o método fenomenológico por acreditar que este é capaz de mostrar as coisas como elas realmente são, isto é, a partir de si mesmas. Portanto, ao tratarmos de qualquer assunto ligado à sua filosofia, devemos atentar para afirmações relacionadas ao nosso cotidiano e que são impostas pela tradição, como quando afirmamos que as coisas do mundo são objetos.

Para Heidegger, estamos envolvidos pragmaticamente com as coisas do mundo em várias situações cotidianas. Dessa forma, as "coisas do mundo se mostram para *Dasein* primeiro como coisas úteis" (Schmidt, 2014, p. 98). Essas coisas úteis são instrumentos **para** o homem, isto é, utensílios à disposição dele, prontos para o uso. A preposição *para* está em destaque porque, nesse contexto, representa as relações significativas que ocorrem entre as coisas que são úteis.

A fim de elucidar a situação, Heidegger usa o exemplo do martelo, que está disponível em uma oficina com outras coisas úteis, como pregos e tábuas. A preposição *para*, no parágrafo anterior, designa, de certa maneira, a função do martelo, isto é, martelar. Podemos hipotetizar a seguinte situação: precisamos construir uma cerca com tábuas ao redor do espaço onde ficam os animais. Nesse caso, ocorrem as mais variadas relações: entre o martelo e o prego, entre o prego e a tábua, entre a tábua e a cerca, e assim por diante. Quanto mais pensarmos nas relações possíveis do martelo na construção da cerca, mais tal coisa se mostrará a nós de maneira clara, sem distorções, e, consequentemente, se apresentará como ela é de fato, ou seja, como uma coisa útil.

Heidegger afirma que a fenomenologia hermenêutica revela, por meio de situações cotidianas pragmáticas, o que há de verdadeiro nas coisas do mundo. As coisas úteis revelam sua identidade quando as estamos usando, e não quando estamos somente pensando nelas individualmente. O modo de ser da coisa útil é chamado pelo autor de *manualidade*, e o modo como o *Dasein* vê as coisas úteis é denominado *circunspecção*, a qual se evidencia na relação pragmática. A circunspecção busca responder **para que** as coisas podem ser usadas, evidenciando o propósito do uso.

"A manualidade é a definição categórica ontológica dos seres como eles são 'em si mesmos'" (SZ, 72). É ontológica porque se refere à forma de ser da coisa, ou seja, o modo de ser ôntico do martelo é sua função de martelar; e categórica porque se refere às coisas, e não ao *Dasein*. Essa análise sobre o encontro das coisas no mundo implica uma descrição precisa, ao passo que elas se mostram como são, sem nenhuma interferência externa. A descrição fenomenológica nos ajuda a descobrir como as coisas do mundo se apresentam ao *Dasein* em sua forma mais original. Por isso, tal descrição é hermenêutica, pois, em uma compreensão interpretativa, o *Dasein* se vê como um ser-no-mundo.

De acordo com Schmidt (2014, p. 101), "O que Heidegger deseja afirmar é que uma ontologia hermenêutica apropriada demonstra que o ser ontológico e primário das coisas é a manualidade e que é apenas quando elas não conseguem estar à mão que se tornam apenas objetos, presentes apenas objetivamente".

Heidegger dirige uma crítica à filosofia moderna, principalmente a Descartes, que afirmava que as coisas são apenas objetos objetivos dispostos no mundo. O mundo existe como um conjunto de coisas utilizáveis, das quais o homem faz uso, pois está envolvido no mundo e em relação com ele. O indivíduo é capaz de compreender uma coisa quando é capaz de fazer uso dela. Portanto, ele age pelo bem daquilo que deseja realizar. Assim, o mundo em sua mundanidade é, de certa forma, a relevância que o *Dasein* descobre nas coisas úteis e em seus propósitos, explicitados pela expressão *pelo bem de quê*.

As coisas têm significado à medida que são relevantes para o *Dasein*, levando-se em consideração suas referências. O martelo, por exemplo, é útil para fixar pregos, é uma ferramenta feita por alguém, está disposto em uma oficina, pode servir para a construção de algo etc. Sendo assim, seu significado não está no objeto em si, mas é determinado em uma situação hermenêutica.

Nossa segunda análise, realizada de maneira breve, com relação ao *Dasein* é o **ser-com-os-outros**. Já explicamos que as coisas úteis se revelam no mundo graças à situação pragmática. Entretanto, devemos lembrar que, em determinado ambiente, existem pessoas que fazem o trabalho, que fornecem a coisa útil, que a recebem depois de pronta etc. Esses indivíduos estão no mundo assim como o *Dasein* e as coisas úteis; portanto, estar no mundo é estar com os outros. Assim como o ser-no-mundo é um existencial, isto é, um modo de ser do *Dasein*, o ser-com também o é.

> O mundo existe como um conjunto de coisas utilizáveis, das quais o homem faz uso, pois está envolvido no mundo e em relação com ele. O indivíduo é capaz de compreender uma coisa quando é capaz de fazer uso dela. Portanto, ele age pelo bem daquilo que deseja realizar.

Se nos preocupamos com as coisas úteis, também devemos nos importar com outras pessoas. Essa preocupação é um modo de ser do *Dasein*. Como ele vê os outros? Pela consideração e pela tolerância. Quando elaboramos projetos e queremos executá-los, precisamos do auxílio e do serviço de outras pessoas. Conforme Jonas (2001, p. 34, tradução nossa), "viver é estar essencialmente relacionado". Portanto, não há um sujeito isolado no mundo, sem a presença do outro. A existência pressupõe abertura ao mundo e a outros indivíduos, e o cuidado com os outros presume uma coexistência autêntica.

4.3
Interpretação e hermenêutica no pensamento de Heidegger

Nesta seção, analisaremos o existencial da compreensão, um dos modos de ser do *Dasein*. Explicamos que ele é um ser-no-mundo na medida em que necessita das coisas úteis, tem a preocupação do ser-com, isto é, tem relação com outros indivíduos e ele próprio. Antes, porém, precisamos entender o *ser-em* do *Dasein*, que existe no **aí**. "O aí é a clareira enquanto revelada por *Dasein* para si mesmo" (Schmidt, 2014, p. 104). Podemos dizer, por exemplo, que o ambiente de trabalho de um artesão é parte do *aí* do próprio artífice. Para descobrirmos como esse aí surge, precisamos, primeiramente, entender os fatores que permitem ao aí se revelar ao *Dasein*, para, posteriormente, tentar mostrar como se insere no cotidiano.

No dia a dia, somos constantemente atingidos por uma série de humores que determinam nosso estado de ser, os quais são capazes de modificar nossa interação com o mundo e com as pessoas ao nosso redor. Segundo Heidegger, o fator constitutivo que, onticamente, nos permite estar em qualquer humor é chamado *afinação*. Por meio desse conceito, o *Dasein* é capaz de se revelar e se descobrir no aí.

Pela afinação particular que temos, ou seja, o humor que se manifesta em nosso aí, percebemos que existimos e, de certa forma, precisamos fazer um esforço para continuar vivendo, escolhendo e existindo. Contudo, não sabemos aonde vamos e aonde, de fato, nossas escolhas nos levam. Por isso, o *Dasein* está lançado no mundo, pois sabe que existe e precisa continuar a ser.

As três principais características da afinação são:
1. Mostra que o *Dasein* está lançado no mundo, mesmo que, às vezes, tentemos fugir dessa condição.
2. Revela nosso estar-no-mundo e nos permite dirigir àquilo que queremos. Por exemplo: se percebemos que estamos com fome e vemos alguém comendo, vamos até essa pessoa.
3. Desvenda um mundo de coisas que nos importam, independentemente de nosso humor.

Para entendermos a afinação como fator constitutivo que revela o aí para o *Dasein*, usamos o exemplo de Heidegger, que se refere ao medo. Se, ao percorrermos uma trilha, escutamos o ruído de um urso mais à frente, percebemos que estamos naquele lugar e naquela situação ao mesmo tempo que gostaríamos de não estar ali. Nosso estado de afinação é o medo e, se esse temor não nos paralisar, poderemos buscar formas de escapar e esclarecer tal situação, isto é, procurar rotas alternativas, correr, verificar se o animal está se aproximando, se podemos nos machucar etc. O fato é que o medo teme pela nossa condição de ser, ou seja, por nós mesmos, pela nossa integridade.

O segundo fator constitutivo que revela o aí do *Dasein* é a compreensão. Heidegger reserva a expressão *compreensão hermenêutica* apenas ao *Dasein*. Porém, veremos, principalmente em Gadamer (2007), que toda compreensão é interpretativa e, como tal, é compreensão hermenêutica no cenário contemporâneo. Por isso, precisamos entender o que Heidegger pretende com o termo *compreensão*.

Apesar de tratarmos dos conceitos de *afinação* e *compreensão* separadamente, é importante saber que, para Heidegger, esses dois termos são equiprimordiais, no sentido de que, como fatores constitutivos do ser-em, se valem juntos e ao mesmo tempo, à medida que são descobertos. Um envolve o outro e são manifestados mutuamente. Por exemplo:

ao temermos um urso que vem ao nosso encontro em uma floresta, compreendemos que é um urso e entendemos também os aspectos citados anteriormente sobre nossa situação.

Quando discutimos sobre as coisas úteis que se revelam em uma situação pragmática cotidiana, a relação que temos com os outros e o cuidado que tomamos com as coisas, estamos, de certa forma, tratando da compreensão, pois "o modo de ser de *Dasein* enquanto potencialidade do ser está existencialmente na compreensão" (SZ, 143). Ligadas ao *Dasein*, por estar lançado no mundo e ter, a cada momento, um humor que revela seu aí, estão a compreensão da situação em que o indivíduo se encontra e as situações que podem vir a ocorrer.

Como evidenciamos, o *Dasein* se compreende em um contexto pragmático, no qual estão dispostas ferramentas cuja relevância está associada à função e à tarefa a serem desempenhadas. Portanto, a mundanidade do mundo é compreendida como a totalidade da relevância que as coisas úteis têm e apresentam ao *Dasein*.

Pela compreensão, é válido escolhermos como podemos ser e como devemos agir, ou seja, fazemos projetos usando a fórmula pelo-bem-de-que, graças à significância das coisas que temos à nossa disposição para a realização de determinada tarefa. Diante disso, a compreensão pode ser autêntica ou inautêntica. Em ambas as situações, ela pode ser genuína, na medida em que é capaz de revelar (descobrir) e ser verdadeira, ou não genuína, quando encobre e é falsificadora. Como a compreensão pode vir a projetar uma possibilidade de ser-no-mundo, é chamada de *visão do Dasein*, e, portanto, nada mais é que um olhar para a própria existência deste.

Desse modo, entendemos a compreensão como um projeto que está lançado no mundo em virtude de uma situação particular que se apresenta de ser-no-mundo. O *Dasein* é capaz de projetá-la como uma possibilidade para si mesmo. Essas possibilidades lançadas pela compreensão são chamadas de *interpretação*.

> Toda compreensão é interpretação. A compreensão é um existencial. Sendo assim, torna-se condição de possibilidade de um caso ôntico particular. Para Heidegger, toda compreensão é hermenêutica, pois necessariamente envolve interpretação.

Heidegger procura analisar a compreensão correta das coisas do mundo. Ele afirma que o *Dasein* como um ser-no-mundo tem compreensão de sua situação. Por exemplo: pretendemos construir uma cerca e, para isso, temos pregos, tábuas e martelo; porém, há diferentes modelos de martelo para usos distintos. Diante disso, precisamos compreender qual é o martelo correto para desempenhar tal atividade. De acordo com nossas experiências anteriores, sabemos que o martelo de carpinteiro é o mais adequado para essa situação. Portanto, compreendemos alguma coisa, no caso, um dos martelos, como alguma coisa, isto é, como a ferramenta apropriada para a tarefa que pretendemos executar. Percebam que, para alguém que entende de ferramentas, é fácil apontar o martelo ideal para determinada tarefa. Entretanto, quando esse entendimento não existe, a pessoa usa melhor a compreensão para pegar o martelo correto.

A fim de clarificar o conceito de *compreensão*, Heidegger identifica três estruturas prévias:

1. **Posição prévia**: A relevância da coisa é compreendida desde antes, ou seja, conhecemos os objetos antes de precisar diferenciá-los para o uso.
2. **Visão prévia**: Significa um olhar anterior. Aquilo que ainda não foi compreendido claramente precisa ser interpretado pela visão de maneira cuidadosa e precavida, para que não sejam cometidos erros e enganos.

3. **Concepção prévia**: Trata daquilo que é compreendido anteriormente pelos conceitos. A interpretação define conceitos previamente, sejam eles provisórios ou não. Eles podem ser apropriados em relação às coisas que são interpretadas, ou podemos pensar conceitos inapropriados para as coisas. Por exemplo: se pensamos em como é difícil manusear uma chave de fenda e em como seu formato varia, estamos usando conceitos apropriados, mas, se pensamos no cheiro ou na cor dela, estamos usando conceitos inapropriados.

De acordo com Heidegger (SZ, 150), "a interpretação de alguma coisa como alguma coisa é fundamentada essencialmente na posição prévia, na visão prévia e na concepção prévia". Dessa forma, a interpretação não pode ser feita sem pressuposições anteriores à análise que se emprega, seja ela ligada à coisa, seja ligada a algum texto.

Graças à compreensão, o *Dasein* é capaz de se revelar em um contexto pragmático ao mesmo tempo que revela a si mesmo. A mundanidade do mundo como totalidade de relevância revela as coisas úteis, os outros e a si mesmo. Então, devemos pressupor que as coisas têm significado, mas, como esclarece Heidegger (SZ, 151), "o que é compreendido não é o significado, e sim os seres, ou o ser". Por exemplo: podemos compreender a utilidade da chave de fenda, que é apertar – isso é o modo de ser da chave. Pela compreensão, somos capazes de compreender alguma coisa, nesse caso, a chave, como alguma coisa, isto é, como uma ferramenta apropriada para apertar parafusos.

> A interpretação não pode ser feita sem pressuposições anteriores à análise que se emprega, seja ela ligada à coisa, seja ligada a algum texto.

Diante de toda essa discussão, surge uma problemática: Se a compreensão inicia com as estruturas prévias e pressupõe sempre uma interpretação, como podemos evitar que ela se torne um círculo vicioso? Como a ciência poderia utilizar a compreensão se, nas estruturas prévias, já existe a conclusão? Por que, então, a ciência precisa provar seus argumentos? O fato é que não podemos fugir do círculo vicioso imposto pela compreensão, ou seja, a compreensão de uma parte da coisa depende da compreensão do todo e vice-versa. Segundo Heidegger (SZ, 153), "o que é decisivo não é sair do círculo, mas entrar nele da forma certa". Ele não pode ser evitado porque contém as estruturas prévias da compreensão, as quais pertencem à constituição existencial do ser-aí.

Para resolvermos o impasse sobre como devemos entrar nesse círculo de maneira correta, a função do intérprete é indispensável. Como conhece as estruturas prévias da compreensão (posição, visão e concepção), ele não pode deixar que estas se apresentem pela tradição e ao acaso, como acontece no método científico – aqui, entendemos *científico* como um resultado filosoficamente justificável. A compreensão da coisa deve ser desenvolvida com base na coisa em si*, isto é, como ela, de fato, se apresenta à nossa experiência, sem ignorar as estruturas prévias. A precaução na compreensão de algo é um importante mecanismo para não cairmos em um círculo vicioso.

De acordo com a concepção prévia, podemos usar o conceito de maneira apropriada à coisa ou forçá-lo a caber na coisa de maneira inapropriada. Esta nos parece uma postura de concepções populares e da tradição, e aquela, uma posição que busca a coisa em si. Como mencionamos, os conceitos podem ser usados de maneira definitiva ou provisória. Por meio do caráter provisório, podemos, ao longo do

---

*   Essa expressão é recorrente na filosofia. Por *coisa em si* há um entendimento de realidade essencial, uma estrutura em que as coisas são elas mesmas. Nesse caso, Heidegger está pensando sob uma perspectiva epistemológica.

processo interpretativo, mudar o conceito, de forma que este melhor represente a coisa.

> *A tarefa constante do intérprete é conferir se as concepções aceitas provisoriamente na concepção prévia que ele tem são realmente as concepções que se mostram a partir da coisa em si que está sendo compreendida. O intérprete deve evitar simplesmente aceitar conceitos ao acaso ou conceitos que são populares se eles não tiverem sido testados nas coisas em si.* (Schmidt, 2014, p. 112)

Aqui surge um terceiro existencial equiprimordial na revelação do aí: o discurso. Precisamos enunciar a compreensão que temos da coisa em si. De acordo com Heidegger, o enunciado é um apontamento que define e comunica algo; portanto, as estruturas prévias da compreensão estão presentes em qualquer tipo de enunciado. Visando ao entendimento do sentido do enunciado, citamos um exemplo desse autor: "o martelo é pesado". Entre as inúmeras ferramentas existentes em uma oficina, é o martelo que se destaca em uma situação na qual está presente uma totalidade de relevância. Ou seja, há uma série de coisas úteis na oficina e, portanto, relevantes, porém apenas uma dessas ferramentas se determina para a situação que se apresenta. Essa é a posição prévia.

Na visão prévia, o predicado *pesado* deve ser tirado de outras possíveis atribuições a outros seres; portanto, dizemos que há um afrouxamento de seu fechamento nos seres. Tiramos de outros possíveis contextos esse predicado e suas conexões com outras coisas e o atribuímos apenas à coisa martelo. A concepção prévia concede conceitos que podem ser usados para a definição de tal coisa, lembrando que a linguagem contém vários conceitos desenvolvidos em si mesma. Aqui, os conceitos devem ser apropriados e definitivos, pois dizer, por exemplo, que "o martelo é líquido" seria um absurdo, ou seja, trata-se de um conceito inapropriado ao contexto.

Vamos recapitular o caminho que devemos percorrer desde a compreensão interpretativa até o enunciado. Na posição prévia, temos o martelo como uma coisa útil que o enunciado apontou. Já na visão prévia, o predicado é atribuído a uma coisa que está presente objetivamente. Ele é tirado de um contexto de possibilidades e atribuído a algo que se faz presente por meio do enunciado, o qual recebe um conceito apropriado em virtude da concepção prévia.

Voltando ao discurso como existencial de revelação do aí, podemos dizer que ele é a articulação da inteligibilidade que se fundamenta na linguagem, ou seja, mediante a uma articulação da linguagem, temos uma compreensão afinada e interpretativa do ser-no-mundo do *Dasein* (Schmidt, 2014). As significações do mundo são colocadas pela palavra por meio do discurso; por isso, para Heidegger, as palavras acumulam significados e, à medida que elas se desenvolvem, sua significância aumenta.

Diante de tudo o que foi apresentado a respeito da compreensão, da afinação e do discurso, ressaltamos que os problemas surgem quando essas estruturas se atrelam à vida cotidiana e passam a causar confusões. Para Heidegger, a curiosidade e a "conversa fiada" são tentativas de compreensão superficiais e, por não terem fundamentos, apenas causam um emaranhamento e uma confusão do *Dasein*. Como são superficiais e de fácil acesso, muitas vezes esses discursos nos tornam presas e acabamos por aceitar facilmente suas colocações. Isso faz com que o *Dasein* seja jogado no mundo cotidiano, tornando-o malcompreendido.

Afinação, compreensão e discurso são elementos essenciais para o desenvolvimento da hermenêutica contemporânea, apesar de Heidegger não mencioná-la. Como toda compreensão pressupõe interpretação e esta envolve a hermenêutica, então toda compreensão é uma compreensão hermenêutica. Somado a isso, a contribuição decisiva de Heidegger é que a compreensão, por ser um existencial do *Dasein*, não se reserva apenas ao que é falado ou escrito; pelo contrário, inclui a hermenêutica em uma forma universal, na qual podemos descobrir o aí do *Dasein*.

Nossa última análise sobre a relação entre a hermenêutica e a ontologia é a questão da verdade como uma descoberta dos seres. Heidegger analisa as fundamentações ontológicas do conceito de *verdade* advindas da tradição. Em geral, a verdade é entendida como a correspondência ou a concordância entre os enunciados e as coisas reais a que estes se referem. A primeira questão é: De que modo enunciados ideais podem ser relacionados a objetos reais? Para responder a esse questionamento, tomamos o seguinte exemplo: Se estamos de costas para um quadro e dizemos que está torto, a única maneira de comprovarmos essa afirmação é nos virando para ele. De acordo com Heidegger, não existe nenhuma correspondência entre nosso saber e o objeto a que nos referimos. A confirmação da verdade se manifesta na experiência da situação, ou seja, é preciso fazer a experiência (verificar empiricamente) de tal enunciado. "O ser verdadeiro (verdade) de um enunciado deve ser compreendido como descoberta" (SZ, 218).

> Como toda compreensão pressupõe interpretação e esta envolve a hermenêutica, então toda compreensão é uma compreensão hermenêutica.

Como o *Dasein* é um ser-no-mundo e todas as coisas são reveladas em uma situação pragmática, a verdade e a confirmação podem ocorrer apenas nessa perspectiva. Quando dizemos que uma ferramenta é pesada demais e pedimos outra, é porque primeiramente, em uma situação pragmática, fizemos a experiência desse apetrecho, a ponto de elaborarmos outro enunciado, isto é, pedirmos outra ferramenta. Nesse caso, a verdade do enunciado depende da nossa primeira experiência com tal ferramenta. Portanto, a verdade como descoberta também é um modo de ser do *Dasein*: "*Dasein* está 'na verdade'" (SZ, 220). A fim de esclarecermos essa afirmação, apresentamos as considerações a seguir:

- A descoberta é parte do ser do *Dasein*.
- O *Dasein*, por estar lançado no mundo, compreende as coisas do mundo graças às estruturas prévias da compreensão.
- O *Dasein* pode se projetar no futuro, pois tem a potencialidade do ser.
- Em razão do caráter ordinário, o *Dasein* está preso na inverdade. Somente o intérprete que faz uso das estruturas prévias nas coisas em si é capaz de apresentar uma compreensão correta do *Dasein*.

Novamente, temos a hermenêutica como uma análise que permite uma compreensão correta das coisas. Essa compreensão também é um modo de ser do *Dasein*, uma vez que, por meio dela, há uma descoberta e, portanto, uma verdade. Contudo, se o *Dasein*, ao mesmo tempo que é verdade, está na inverdade do mundo cotidiano, somente uma verdade como descoberta pode revelar as coisas, ou seja, a descoberta revela as coisas como elas são em si mesmas. Em resumo, para alcançar a verdade hermenêutica, o intérprete deve buscar nas estruturas prévias da compreensão as coisas em si mesmas, isto é, como elas se apresentam de fato.

Síntese

Neste capítulo, discorremos sobre os aspectos hermenêuticos na filosofia de Heidegger, autor alemão que contribuiu decisivamente para o desenvolvimento da hermenêutica contemporânea. Sua obra estabeleceu uma relação entre a hermenêutica e a ontologia; portanto, é importante associarmos esse tema à compreensão do *Dasein*. Sendo assim, apresentamos os pontos fundamentais discutidos ao longo do capítulo:

- Após apresentarmos o contexto no qual Heidegger e sua filosofia estão inseridos, procuramos relacionar a hermenêutica à ontologia. O autor utiliza o método fenomenológico por acreditar que este é capaz de nos permitir um acesso correto às coisas em si, isto é, sabemos que a experiência que realizamos acontece em um contexto e tem significado de acordo com nossa própria situação. Considerando o curso *Ontologia: a hermenêutica da facticidade*, de 1923, analisamos o conceito de *facticidade* como um modo de ser do *Dasein* e a hermenêutica como uma forma de autocompreensão da facticidade, ou seja, trata-se da maneira como podemos comunicar o *Dasein* por meio de sua própria existência.
- Apontamos elementos que nos permitem uma compreensão inicial do tema da ontologia em Heidegger, cuja pergunta fundamental é pelo sentido do ser, a qual está relacionada ao modo de ser do *Dasein*. Novamente, a fenomenologia se apresenta como método capaz de investigar apropriadamente esses modos de ser. Com base nisso, analisamos o *Dasein* como ser-no-mundo, isto é, ele vê as coisas do mundo como úteis em um contexto pragmático, portanto, com relevância em relação ao mundo e a si mesmo. Além disso, examinamos o *Dasein* como um ser-com, isto é, um ser que está relacionado com os outros e que é capaz de se preocupar

com outros sujeitos; portanto, está em constante relação com o mundo, com os outros e consigo mesmo.

- Posteriormente, chegamos ao ápice do entendimento hermenêutico para Heidegger. Apresentamos uma série de conceitos que são ligados ao aí e que o *Dasein* revela no ser-no-mundo. Esses conceitos existenciais são chamados *equiprimordiais*, a saber: a afinação, a compreensão e o discurso. A afinação se refere a um sentimento particular que temos e que nos permite reconhecer que existimos e, portanto, que estamos no mundo. A compreensão revela possibilidades ao *Dasein* e sempre envolve interpretação, pois está relacionada a condições prévias (posição, visão e concepção prévias) que nos permitem interpretar. Explicamos que a precaução na compreensão de algo é um importante mecanismo para não cairmos em um círculo vicioso. Para compreendermos algo corretamente, o intérprete precisa usar as condições prévias da compreensão da forma como elas se apresentam, isto é, em si mesmas, sem nenhuma pressuposição da tradição. Diante disso, *compreensão interpretativa* é o mesmo que *compreensão hermenêutica*. Por fim, esclarecemos que o discurso é o modo como a compreensão é articulada pela linguagem, em que as palavras são capazes de acumular significações.

- Analisamos a questão da verdade, que, para Heidegger, é um desencobrimento daquilo que estava oculto no *Dasein*.

Indicações culturais

As *indicações* a seguir propiciam o aprofundamento dos conteúdos trabalhados ao longo deste capítulo. Desse modo, possibilitam a compreensão do pensamento de Heidegger sob diferentes pontos de vista, instigando-o a buscar novas fontes e perspectivas acerca da filosofia desse autor.

Filmes

EM BUSCA de Sartre e Heidegger. Direção: Paulo Perdigão. Brasil, 2003. 52 min.

HUMAN All Too Human: Heidegger. Direção: Alain de Botton. 1999. 49 min. Disponível em: <https://www.youtube.com/watch?v=SuD1vJQxuYs>. Acesso em: 27 set. 2017.

Livros

ALMEIDA, C. L. S. de. **Hermenêutica e dialética**: dos estudos platônicos ao encontro com Hegel. Porto Alegre: EdiPUCRS, 2002. (Coleção Filosofia, 135).

BLEICHER, J. **Hermenêutica contemporânea**. Lisboa: Edições 70, 1992. (Coleção O Saber da Filosofia).

CASANOVA, M. A. **Compreender Heidegger**. 2. ed. Petrópolis: Vozes, 2009. (Coleção Compreender).

GADAMER, H.-G. **Hermenêutica em retrospectiva**: Heidegger em retrospectiva. Tradução de Marcos Antônio Casanova. 2. ed. Petrópolis: Vozes, 2007. v. 1.

HEIDEGGER, M. **A caminho da linguagem**. Petrópolis: Vozes, 2003.

HEIDEGGER, M. **Ontología**: hermenéutica de la facticidad. Madrid: Alianza, 2008.

HEIDEGGER, M. **Ser e tempo**. 10. ed. Petrópolis: Vozes, 2005. (Coleção Pensamento Humano).

SAFRANSKY, R. **Heidegger**: um mestre da Alemanha entre o bem e o mal. Tradução de Lya Luft. São Paulo: Geração Editorial, 2000.

TAMINIAUX, J. **Leituras da ontologia fundamental**: ensaios sobre Heidegger. Tradução de João Carlos Paz. Lisboa: Instituto Piaget, 1995. (Coleção Pensamento e Filosofia).

Atividades de autoavaliação

1. Heidegger procura um método na filosofia que seja capaz de descrever cuidadosamente a experiência sem incorporar nenhuma pressuposição sobre o significado dela. Ou seja, a filosofia deve buscar uma descrição pura das coisas em si, como elas são, de fato, experimentadas. O método utilizado por esse autor é o:
   a) hermenêutico.
   b) ontológico.
   c) fenomenológico.
   d) epistemológico.
   e) cosmológico.

2. Marque V para as afirmações verdadeiras e F para as falsas:
   ( ) *Facticidade* significa um modo particular de ser do *Dasein*.
   ( ) O termo *hermenêutica* está relacionado a *intérprete*, *interpretação* e *interpretar*. De certa maneira, podemos atribuir sua origem ao deus mensageiro Hermes, que tinha a função de interpretar para os seres humanos as mensagens dos deuses.
   ( ) Na vida cotidiana, somos constantemente atingidos por uma série de humores que determinam nosso estado de ser, os quais são capazes de modificar nossa interação com o mundo e com as pessoas ao nosso redor. Segundo Heidegger, o fator constitutivo que, onticamente, nos permite estar em qualquer humor é chamado *percepção sensorial*.

   Assinale a sequência correta:
   a) V, V, V.
   b) F, V, F.
   c) V, F, V.
   d) V, V, F.
   e) F, F, V.

3. De acordo com o pensamento de Heidegger, qual dessas estruturas **não** faz parte da compreensão?

   a) A concepção prévia trata daquilo que é compreendido anteriormente pelos conceitos. A interpretação define conceitos previamente, sejam eles provisórios ou não. Eles podem ser apropriados em relação às coisas que são interpretadas, ou podemos pensar conceitos inapropriados para as coisas.

   b) A interpretação prévia permite ao indivíduo interpretar as coisas do mundo sem nenhum rigor filosófico e nenhum procedimento metodológico.

   c) A posição prévia, ou seja, a relevância da coisa, é compreendida desde antes, ou seja, conhecemos os objetos antes de precisar diferenciá-los para o uso.

   d) A visão prévia significa um olhar anterior. Aquilo que ainda não foi compreendido claramente precisa ser interpretado pela visão de maneira cuidadosa e precavida, para que não sejam cometidos erros e enganos.

4. A hermenêutica busca, com uma compreensão interpretativa, os modos de ser do *Dasein*, o que nos leva a analisar tal existência. A pergunta pelo sentido do ser que Heidegger faz em sua obra tem caráter:

   a) ontológico.
   b) ético.
   c) estético.
   d) lógico.
   e) idealista.

5. Um dos conceitos fundamentais na filosofia heideggeriana é o de *Dasein*. Com base nos assuntos abordados ao longo do capítulo, qual é a melhor definição desse conceito?

   a) Significa *ser-aí*, isto é, indica o fato de o homem estar sempre em uma situação, lançado nela e em relação a ela. Quer dizer ainda que o humano, um ente destacado dos demais, tem uma compreensão do ser.

   b) Significa fazer projeções futuras com base nos conhecimentos que adquirimos ao longo da história, tendo em vista que estamos em um fluxo temporal.

   c) Pode ser entendido como fenômeno, isto é, aquilo que se mostra a partir de si mesmo, ou seja, que se manifesta, que é descoberto.

   d) É um termo referente à hermenêutica, pois, por meio dele, podemos compreender como as coisas físicas do mundo se relacionam, a ponto de descobrirmos verdades matemáticas.

   e) É uma parte da filosofia responsável pela investigação dos princípios que motivam, distorcem, disciplinam ou orientam o comportamento humano.

Atividades de aprendizagem

Questões para reflexão

1. No curso *Ontologia: hermenêutica da facticidade*, de 1923, Heidegger analisa o conceito de *facticidade* como um modo de ser do *Dasein* e a hermenêutica como uma forma de autocompreensão da facticidade, ou seja, trata-se da maneira como podemos comunicar o *Dasein* por meio de sua própria existência. Elabore um texto dissertativo (no mínimo, 30 linhas) sobre os conceitos de *facticidade* e de *hermenêutica*. Na construção textual:

- apresente argumentos favoráveis e contrários à posição de Heidegger;
- sintetize as discussões sobre as noções de ontologia e de hermenêutica no pensamento do Heidegger;
- explique a estruturação da ideia de hermenêutica com base nas proposições apresentadas;
- indique a principal contribuição de Heidegger para a hermenêutica contemporânea.

2. A ontologia precisa conhecer e investigar os modos de ser do *Dasein*. Para isso, é necessário um método que seja eficaz e permita um acesso correto a tais modos. Elabore um texto sobre a fenomenologia heideggeriana, evidenciando as ideias centrais dessa concepção filosófica. Na construção textual:
   - discorra sobre a ideia de fenomenologia e sua relação com a hermenêutica na filosofia de Heidegger;
   - com base nos conceitos trabalhados no capítulo, aborde a compreensão como chave de leitura da hermenêutica desse filósofo.

Atividades aplicadas: prática

1. Realize uma leitura da obra *Ontología: hermenéutica de la facticidad* (2008), de Heidegger. Organize um fichamento e, depois, produza um artigo sobre o livro.
   Sugestão temática: a importância da hermenêutica da facticidade e sua relação com a ontologia.

2. Faça uma leitura da obra *Ser e tempo* (2005), de Heidegger. Elabore uma resenha crítica analisando os temas tratados no livro e refletindo sobre eles.

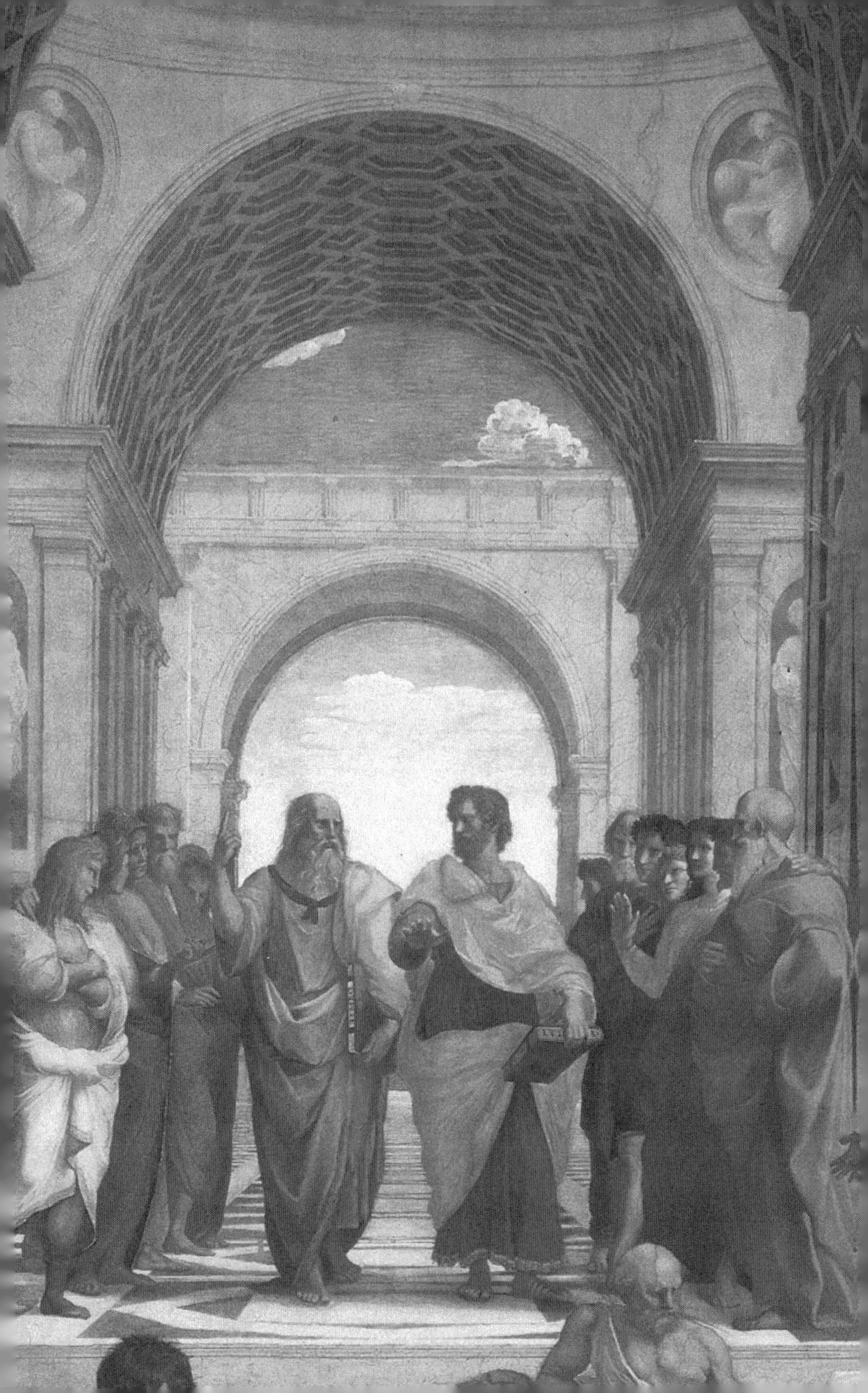

5

Experiência e linguagem: a hermenêutica filosófica de Gadamer*

* Este capítulo foi escrito com base nos seguintes livros: *Hermenêutica filosófica: nas trilhas de Hans-Georg Gadamer* (2000), de Custódio Luís Silva de Almeida, Hans-Georg Flickinger e Luiz Rohden, e *Verdade e método I: traços fundamentais de uma hermenêutica filosófica* (1997), *Verdade e método II: complementos e índice* (2001, 2002) e *Hermenêutica em retrospectiva: Heidegger em retrospectiva* (2007), de Hans-Georg Gadamer.

Os intérpretes profissionais são os juristas, os biblistas, os filólogos etc. *Entretanto, constantemente interpretamos algo, seja quando ouvimos um discurso, seja quando lemos um texto. Então, o que significa, de fato,* interpretar? *Como sabemos se compreendemos um texto corretamente? Essas e outras questões são discutidas por Hans-Georg Gadamer em sua teoria hermenêutica. Embora basicamente toda a sua produção esteja voltada para esse tema, o livro* Verdade e método *se destaca no cenário hermenêutico.*

Como a obra é complexa e extensa, não é viável tratarmos de todos os seus temas. No entanto, apresentaremos os principais conceitos que possibilitam uma compreensão da hermenêutica e como ela se desenvolve em Gadamer. Para isso, dividimos o capítulo em três momentos:

1. No primeiro, tratamos do contexto histórico e filosófico do autor.
2. No segundo, apresentamos uma série de conceitos, como *preconceito, autoridade, tradição, círculo hermenêutico, experiência* e *aplicação*.
3. No último, mostramos a importância do diálogo e de se fazer perguntas aos interlocutores, tendo como cerne a questão da linguagem.

Baseados nessas considerações, iniciaremos nosso percurso investigativo no intuito de acessarmos o pensamento de Gadamer, de modo que tenhamos instrumentos suficientes para interpretar seus textos e, assim, perceber suas contribuições para a filosofia hermenêutica.

5.1
Filosofia de Gadamer

Hans-Georg Gadamer, influente pensador do século XX, desenvolveu, de maneira clara, sua concepção filosófica acerca do tema da hermenêutica. Ele posicionava-se de forma concisa e crítica em relação aos pensadores de sua época que propunham uma hermenêutica metodológica.

Além de perder a mãe precocemente e ter um irmão com problemas de saúde, Gadamer sentiu o drama das duas guerras mundiais e da ditadura nazista e sofreu com o contexto histórico no qual estava inserido. Entretanto, de certo modo, existia um lado positivo de viver nesse período: o pensador estava sempre com grandes filósofos da contemporaneidade e pôde participar de uma severa discussão social e política em razão das guerras.

Nasceu em 11 de fevereiro de 1900, na cidade de Marburg, na Alemanha. Em 1918, ingressou na Universidade de Breslau. Contudo, no ano seguinte, transferiu-se para a Universidade de Marburg, acompanhando seu pai, que assumia uma cadeira na área de química farmacológica. Em 1922, doutorou-se em Filosofia, com a tese *A natureza do prazer de acordo com os diálogos de Platão*. Em 1923, mudou-se para Freiburg a fim de estudar com Heidegger e o acompanhou quando de sua mudança para Marburg. Em 1928, recebeu licença para o ensino de Filosofia com o texto *Interpretação do Filebo de Platão*, orientado por Heidegger e publicado, em 1931, como livro com o título *A ética dialética de Platão*. Em 1939, tornou-se professor titular catedrático na Universidade de Leipzig e, em 1946, reitor dessa mesma instituição. Um ano mais tarde, aceitou o cargo de professor na Universidade de Frankfurt. Em 1949, tornou-se professor de Filosofia na Universidade de Heidelberg, substituindo Karl Jaspers. Em 1960, publicou *Verdade e método*. Em 1968, aposentou-se, porém lecionou até 1970. Em 1985, começou a publicação de *Obras reunidas*. Morreu em 13 de março de 2002, na cidade de Heidelberg (Schmidt, 2014).

A teoria hermenêutica de Gadamer está fundamentada na obra *Verdade e método**. Ele procura justificar filosoficamente a experiência da verdade – que ocorre na arte, na filosofia e nas ciências humanas – como algo que transcende o método científico. O livro divide-se em três partes: uma trata da experiência da verdade contida na arte; outra aborda a experiência da verdade presente nas ciências humanas; e a última fundamenta ontologicamente a hermenêutica na linguagem por meio do diálogo.

---

* Neste capítulo, usaremos a sigla convencional para nos referirmos à obra de Gadamer: VM faz alusão a *Verdade e método*. Para as obras de comentadores, será usada a citação convencional, com autor, data e página.

Contemporâneo a muitos pensadores influentes em sua época, Gadamer buscou fundamentar sua hermenêutica na humildade. Para ele, a alma da hermenêutica, associada ao princípio de que o outro pode ter razão, deveria estar ancorada na experiência de vida de cada um. Sua concepção filosófica influenciou várias áreas do conhecimento, como a arte, a história, o direito, as ciências sociais, a teologia e o jornalismo.

Gadamer introduziu no pensamento contemporâneo a hermenêutica filosófica em contraposição à hermenêutica metodológica, que vai desde a Antiguidade, passando pelos Períodos Medieval e o Moderno, até Schleiermacher e Dilthey. Tal concepção tinha como pressuposto a arte de compreensão. Para tal movimento, era o uso correto de técnicas que garantia uma boa interpretação de textos, bíblicos ou não.

Ao propor uma hermenêutica filosófica, o autor alemão retomou aspectos da filosofia grega, como o diálogo platônico-socrático e o conceito de *phrônesis* de Aristóteles. Além disso, ampliou os conceitos de *mundo da vida* e *fenomenologia* de Husserl, retomou o conceito de *aplicação* de Kierkegaard, usou a concepção de *hermenêutica da facticidade* de Heidegger e rediscutiu a teoria da ação comunicativa de Habermas. No entanto, o principal influenciador de Gadamer era Platão.

Apesar de ainda estarmos iniciando nossa discussão, convém explicitarmos o entendimento de Gadamer (citado por Rohden, 2008, p. 24) sobre a hermenêutica:

> *Reconhecer todas as formas da vida humana e articulações de cada uma de suas respectivas imagens de mundo [...]. É assim que chamo a arte do compreender. Mas o que é, propriamente, compreender? Compreender não é, em todo caso, estar de acordo com o que ou quem se compreende. Tal igualdade seria utópica. Compreender significa que eu posso pensar e ponderar o que o outro pensa. Ele poderia ter razão com o que diz e com o que propriamente quer dizer. Compreender não é, portanto, uma dominação do que nos está à frente, do outro e, em geral, do mundo objetivo.*

A compreensão, isto é, a arte hermenêutica, revela-se em um diálogo entre as pessoas, ou seja, em suas vidas práticas. Portanto, podemos afirmar que a hermenêutica é uma disciplina ontológica, uma vez que, segundo Gadamer, se preocupa com as possíveis relações que fazemos com o mundo e com os outros. Essas relações são expressas por meio da linguagem e, por isso, tal tema ocupa uma dimensão importante em sua filosofia. Em outras palavras, só podemos compreender o ser por intermédio da linguagem.

Entretanto, em vez de uma linguagem instrumental, Gadamer pensa a linguagem como uma acepção de mundo. A linguagem só é legitimada quando há um diálogo autêntico entre os interlocutores, no sentido de revelar, descobrir e dispor os sujeitos a ouvirem, o que envolve atenção e sensibilidade das partes que conversam.

Após essa contextualização do pensamento de Gadamer, iniciaremos nossa análise sobre a questão da experiência e o sentido da hermenêutica para o autor. Porém, antes precisamos elucidar alguns conceitos e traços característicos de sua filosofia, como a noção de *preconceito*, a ideia de *tradição* e os conceitos de *círculo hermenêutico*, *aplicação* e *experiência*.

5.2
Entre experiência e hermenêutica na filosofia de Gadamer

A *hermenêutica filosófica* proposta por Gadamer tem algumas características que precisam ser mencionadas no início desta seção, pois é com esse autor que se inaugura uma nova maneira de compreender a hermenêutica. Por isso, analisaremos o modo como o autor compreendia a filosofia de Schleiermacher.

A hermenêutica filosófica, em contraposição à metodológica, não se limita a interpretar e a compreender um texto por meio de técnicas instrumentais. Ela se abre a possibilidades de significação que permitem uma inesgotável fonte de interpretações. Ao passo que o projeto instrumental hermenêutico está fundamentado no ideal científico, cujo conhecimento é necessário à dominação, o filosófico estabelece relações cooperativas, que permitem uma convivência responsável e harmoniosa entre os indivíduos que dialogam e a natureza – esta deve ser tratada como um fim em si mesma.

O modelo hermenêutico filosófico tende a ouvir, discernir e dialogar, isto é, esse modo de ser fundamenta-se em uma argumentação dialética. Por isso, Gadamer trabalha com a ideia de jogo como tentativa de superação do dualismo metafísico, pois, além de existirem regras universais e fixas, exige-se do jogador certa criatividade. Em outras palavras, os participantes precisam interagir, fazendo com que um seja capaz de compreender o outro.

Outra característica da hermenêutica filosófica é que, por meio dela, podemos compreender o que não foi dito. Gadamer (2000, p. 211) define a hermenêutica como "o saber do quanto fica, sempre, de não dito quanto se diz algo". O autor faz referência a Platão, que afirmava existirem temas na filosofia que não podiam ser escritos, apenas falados. O objetivo da hermenêutica epistemológica é compreender a verdade do texto quando esta não está clara para o leitor. Essa verdade deve ser integrada à nossa vida, portanto compreender algo é chegar a um acordo sobre tal assunto.

Schleiermacher, de certa maneira, foi o primeiro pensador a abandonar a visão da hermenêutica como um acordo que se faz sobre a verdade de um texto e a inaugurar um novo caminho para ela, isto é, o intérprete precisa "recriar o processo criativo do autor

> Gadamer trabalha com a ideia de jogo como tentativa de superação do dualismo metafísico, pois, além de existirem regras universais e fixas, exige-se do jogador certa criatividade.

para compreender o significado intencionado pelo autor" (Schmidt, 2014, p. 142).

A partir de então, falar de hermenêutica é fazer uma reconstrução, isto é, não apenas compreender palavras e expressões, mas buscar a individualidade e o contexto do autor de um texto. Gadamer critica essa interpretação psicológica que Schleiermacher propõe à hermenêutica, afirmando que não é possível retornar ao momento psicológico de um autor. Se assim fizermos, abandonaremos o assunto necessário à compreensão de um texto e voltaremo-nos à reconstrução estética individual do autor. Ou seja, para Gadamer, compreender bem é compreender o assunto que é discutido.

Deixando de lado essa discussão sobre as críticas de Gadamer a outras interpretações sobre a hermenêutica, passaremos a debater os aspectos de sua filosofia. Nossa primeira discussão diz respeito aos preconceitos.

Gadamer utiliza a compreensão proposta por Heidegger como um modo de ser do *Dasein*, ou seja, uma característica fundamental do ser humano. A todo instante, estamos compreendendo as coisas à nossa volta. Portanto, para Heidegger, a compreensão está associada a uma projeção arremessada, que tem como pano de fundo possibilidades de concretização e de autocompreensão do sujeito. Para Gadamer, mesmo a compreensão de um texto do passado pode revelar uma autocompreensão do futuro, isto é, as possibilidades do ser. *Estar arremessado* é poder compreender alguma coisa de alguma forma, graças às estruturas prévias da compreensão. Entretanto, para tal autor, esse *estar arremessado* da compreensão está fundamentado na tradição, e é daí que deve partir a análise para se compreender.

Mostrar como podemos compreender corretamente, mesmo estando fundamentados nas estruturas prévias da compreensão nas coisas em si, é mais uma das atribuições da hermenêutica filosófica. Enquanto

Heidegger vê a compreensão como uma estrutura ontológica do ser humano, Gadamer busca essa compreensão de maneira epistemológica, isto é, para uma compreensão correta, precisamos de certas prescrições.

Para se referir às estruturas prévias da compreensão que Heidegger propunha, Gadamer usa a expressão ***preconceitos***. A partir do Iluminismo, essa palavra recebeu um sentido negativo, pelo fato de esse movimento cultural valorizar o uso da razão em contraposição à aceitação de uma regra estabelecida por alguma autoridade. Contudo, ao utilizar esse termo, Gadamer não o faz nem no sentido positivo nem no negativo. Portanto, quando o mencionarmos, principalmente para esse autor, deveremos compreendê-lo como um aspecto neutro.

> Apesar de o termo *preconceito* estar relacionado, etimologicamente, à ideia de *juízo antecipado* – esse é um entendimento dos filósofos do Iluminismo –, no sentido de que algo é dado de forma anterior à experiência e, por isso, passível de equívocos na interpretação, para Gadamer, o preconceito se forma em todo e qualquer juízo emitido pelo intelecto.

Os preconceitos, assim como as estruturas prévias da compreensão, estão inclusos em nossa maneira de compreender as coisas, de forma consciente ou não. Tudo aquilo que é construído em nossa formação e por nossa tradição – palavras, expressões, referências, valores, crenças, religião, opiniões – são preconceitos que formam aquilo que somos. Eles transitam em nosso inconsciente e, às vezes, nem percebemos que estão presentes. Por exemplo: ao ler os primeiros parágrafos deste capítulo, você deve ter se questionado como um filósofo pode usar, em suas reflexões, uma palavra como *preconceito*, que tem um sentido negativo. No entanto, a partir do momento em que aprofundamos o tema, você passou a relacionar o termo às estruturas prévias da compreensão e, talvez, tenha ficado confuso a ponto de precisar ler novamente o texto.

Agora, é provável que você tenha uma nova perspectiva da palavra *preconceito*, pelo menos na visão de Gadamer. Em outras palavras, já sabe que ele faz parte de nossa história e de nossa constituição como indivíduos.

O ato de compreender em si, seja um texto, seja um diálogo, implica preconceitos. Estes advêm de nossa tradição em virtude do processo de aculturação vivenciado por nossos antecedentes, o qual se propaga de geração em geração. O próprio aprendizado da educação implica uma série de preconceitos, que estão contidos em tal processo, e nós, de alguma forma, os incorporamos. Porém, em certos casos, esses preconceitos não se manifestam a nós de forma consciente.

> Os preconceitos, assim como as estruturas prévias da compreensão, estão inclusos em nossa maneira de compreender as coisas, de forma consciente ou não.

De acordo com Gadamer, existem preconceitos legítimos e ilegítimos. Mas como podemos legitimar os preconceitos? Para discutir esse tema, o autor retoma a ideia de *autoridade da tradição*. Uma autoridade é reconhecida graças ao uso da razão que ela faz, considerando-se se o juízo emitido por tal indivíduo, de fato, tem precedência. Um juiz tem mais autoridade para falar de leis que um matemático, portanto reconhecemos sua autoridade nesse assunto. Dessa forma, quando versamos sobre a autoridade, devemos reconhecer que não se trata de abdicação e submissão do uso da razão, mas de (re)conhecimento. Por exemplo: dizemos que o professor tem autoridade porque acreditamos que ele tem mais juízos consolidados ao longo de sua formação acadêmica que os alunos, que ainda estão iniciando esse processo. ==A autoridade deve ser conquistada, e não imposta. Sua função é representar os preconceitos legítimos presentes em um contexto e afastar os ilegítimos.==

Aqui entra o papel da tradição para a consolidação dos preconceitos legítimos. É graças à tradição, isto é, à passagem do conhecimento da autoridade do professor ao estudante, que, ao longo dos anos, o aluno entra em sua maioridade e torna-se capaz de fazer uso de sua própria razão. Entretanto, o alcance da maioridade não retira do sujeito a herança histórica que a tradição lhe concedeu e continua concedendo. Um exemplo disso são os costumes, que são adotados livremente, e não criados por vontade de um grupo e legitimados de acordo com o desejo de alguém. É pela tradição, e não pela razão, que nossas instituições e nossos comportamentos são determinados.

Quando uma instituição ou um comportamento é legitimado durante anos pela tradição, significa que esta se superou e passou por várias provas para confirmar que é digna de ser seguida por diferentes povos, isto é, a tradição precisa ser afirmada, assumida e cultivada. Os clássicos são um exemplo do que pode ser encontrado na tradição e legitimado por ela. Gadamer discute esse tema de modo aprofundado na segunda parte de *Verdade e método*.

Os clássicos têm sua validade porque acreditamos que eles contêm preconceitos verdadeiros, isto é, legítimos. Além disso, o clássico é aquele que se mantém diante da crítica histórica, pois conta com um poder de validez capaz de se transmitir e se conservar temporalmente. Entretanto, assim como alguém pode perder sua autoridade, um texto pode perder sua validade, mas dificilmente perderá sua conotação de clássico. ==Clássico é aquilo que se conserva, porque é capaz de significar e interpretar a si mesmo==, ou seja, não é algo que desaparecerá com um testemunho, mas que requer constante interpretação. Podemos extrair do clássico algo sempre presente, ainda que tenha sido dito ou escrito há séculos. Ser clássico é ser atemporal, pois o que se diz sobre algo cabe em qualquer contexto ou situação – sua validade é permanente.

Diante disso, a hermenêutica filosófica deve buscar na tradição, isto é, nos clássicos, os preconceitos legítimos, diferenciando-os dos ilegítimos – na medida do possível, estes devem ser eliminados. Para Gadamer (VM, p. 435), "o compreender deve ser pensado menos como uma ação da subjetividade do que como um retroceder que penetra em um acontecer da tradição".

Após apresentarmos as indicativas pontuais sobre o tema dos preconceitos e da tradição, convém recordarmos que, na filosofia de Gadamer, aqueles têm uma importante tarefa na hermenêutica. Afinal, quando interpretamos algo, não o fazemos sem a presença dos preconceitos, que podem ser legítimos ou ilegítimos. Por isso a importância da tradição e da autoridade nesse contexto hermenêutico, pois se acredita que nele estão contidos preconceitos legítimos.

O ato de compreender acontece dentro de um **círculo hermenêutico**. Ao interpretarmos um texto, devemos partir do todo para as partes; é por meio destas que o todo é determinado. Perceba que o processo de interpretação é sempre circular. Primeiramente, construímos uma frase e, depois, por meio de regras sintáticas ou semânticas, buscamos entender suas partes. Somente após sua elaboração é que a analisamos para verificar se precisa ser modificada ou não. Em outras palavras, construímos o todo da frase, analisamos suas partes e retornamos ao todo.

A compreensão descreve a interpretação entre o movimento da tradição e o do intérprete. O primeiro refere-se aos diferentes sentidos que um texto tem a dizer em contextos diversos; o segundo pressupõe que o indivíduo reflete sobre outras possíveis interpretações do texto que lê a fim de consolidar certa unidade no pensamento. Para isso, é necessária a "concepção prévia da perfeição" (VM, p. 440), isto é, o texto somente é compreensível à medida que tem uma unidade perfeita de sentido. O intérprete deve pressupor sua coerência e submetê-lo à prova da verdade.

Basicamente, o círculo hermenêutico é um movimento constante de modificação de possíveis interpretações que não deram certo, ou seja, ao ler um texto, aplicamos sobre ele uma interpretação prévia, baseada em nossos preconceitos. Conforme avançamos na leitura, percebemos que tal interpretação não cabe no texto e, portanto, precisamos substituí-la, e assim por diante. Dessa forma, o círculo hermenêutico de Gadamer pressupõe uma fonte inesgotável de interpretações, pois sempre precisamos substituir nossas interpretações, isto é, nossos preconceitos ilegítimos.

> Devemos reconhecer a distância histórica como uma possibilidade positiva e produtiva da compreensão, que vai transmitindo, ao longo do tempo, a herança da tradição.

Por isso, o autor questiona Schleiermacher quando este almeja que o intérprete alcance o momento psicológico de quem escreve. Para Gadamer, a distância histórica permite uma melhor compreensão do texto, pois cada época procura interpretar o texto de acordo com suas necessidades e sua tradição. No fundo, trata-se de uma forma particular de interpretar o texto e de compreender a si mesmo. Novamente, demonstramos a importância da tradição para a realização de uma análise interpretativa do texto. Se um preconceito está sendo preservado, é porque outros foram falsificados, portanto continham erros. Além disso, um texto clássico sempre pode ser reinterpretado à luz do contexto em que vivemos; constantemente, são reveladas novas possíveis interpretações, que têm mais significado em determinado período que em outro.

Dessa forma, a distância temporal já não é mais um impasse a ser superado pela tarefa hermenêutica. Não precisamos mais nos deslocar ao espírito da época para entender um texto ou o pensamento de um autor, alcançando, assim, a objetividade histórica. Devemos reconhecer a distância histórica como uma possibilidade positiva e produtiva da compreensão, que vai transmitindo, ao longo do tempo, a herança da tradição. Sendo assim, graças à distância temporal, podemos resolver a principal questão da hermenêutica segundo Gadamer. Ou seja, por meio dela, podemos distinguir os verdadeiros preconceitos, que nos permitem compreender algo, dos falsos, que nos causam pseudoentendimentos. Os preconceitos sempre devem ter a estrutura de uma pergunta, para que seja aberto um horizonte de possibilidades.

Cabe, então, evidenciarmos que o passado exerce fortes influências sobre a nossa maneira de compreender. Isso se dá de duas formas: uma delas está relacionada ao aprendizado que herdamos em nossa cultura, isto é, uma série de preconceitos é formada em nosso contexto familiar e social; a outra refere-se à tradição, que nos "impõe" diversas interpretações possíveis de textos importantes para determinado grupo, por exemplo, a interpretação de textos da Bíblia, transmitidos por nossos pais e pela igreja. Toda influência que recebemos do passado pela tradição terá impacto em nossas interpretações futuras.

No tocante à importância da tradição para a compreensão, Gadamer analisa o conceito de *história efetual*. Nossa consciência está fundamentada em uma história, por isso, quando tentamos analisar um fenômeno temporalmente distante de nós, somos impactados pela história efetual. Ela determina o que deve ser questionado preliminarmente em um texto. Isso decorre de nossos preconceitos, determinados anteriormente pela tradição. Quando interpretamos, eles funcionam como pano de fundo, isto é, uma base que utilizamos quando pretendemos compreender algo. De acordo com Schmidt (2014, p. 153), "o intérprete percebe que está no círculo hermenêutico da compreensão e que sua situação hermenêutica foi afetada pela tradição através de seus preconceitos herdados".

De acordo com Gadamer, ==podemos ter consciência de determinada situação histórica a partir de nosso próprio horizonte, isto é, nossos preconceitos herdados pela tradição==. Em razão desse conceito, os preconceitos podem ser ampliados à medida que os vamos compreendendo e, assim, substituindo-os e acrescentando-os. Eles podem ser também diminuídos, pois, quando passamos a compreender e a empreender uma análise hermenêutica correta, vemos a insuficiência de certos preconceitos e os eliminamos de nossa constituição.

Quando interpretamos, buscamos compreender o texto com base no contexto em que estamos inseridos. Porém, muitas vezes, precisamos retornar ao horizonte histórico do autor para, de fato, conseguirmos compreendê-lo. Como explicamos, o diálogo é uma função determinante para a arte hermenêutica da compreensão. Quando adotamos simplesmente a posição do autor, o diálogo é cessado dessa análise interpretativa; portanto, adotar somente a posição do outro pode causar danos à compreensão como um todo. Em outras palavras, quando adotamos somente a posição do outro, não existe diálogo, porque não se busca o entendimento mútuo sobre o tema em questão. Um exemplo disso são as consultas médicas, nas quais o paciente apenas ouve o diagnóstico do profissional. Até pode existir um diálogo, mas este será apenas para esclarecer as dúvidas do paciente, tendo em vista que o conteúdo objetivo da conversa já está determinado.

> "A compreensão não é nunca um comportamento somente reprodutivo, mas é, por sua vez, sempre produtivo" (VM, p. 444).

O horizonte histórico deve sempre estar em movimento para que possamos compreender um texto ou um fenômeno. Para isso, é necessário um horizonte para nos deslocarmos à situação de outro indivíduo. Segundo Gadamer (VM, p. 456), "ganhar um horizonte quer dizer sempre aprender a ver mais além do próximo e do muito próximo, não para apartá-lo da vista, senão que precisamente para vê-lo melhor, integrando-o em um todo maior e em padrões mais corretos".

Ao nos deslocarmos a outras situações e expandirmos nosso horizonte, incluímos preconceitos diferentes ou opostos aos do outro em nossa consciência. Assim, confrontamos nossos preconceitos com esses novos, isto é, colocamos em questionamento nossos preconceitos advindos da tradição e os submetemos à prova de verdade.

Conforme explicamos, uma situação hermenêutica é determinada de acordo com nossos preconceitos. Podemos dizer que se trata do horizonte do presente. Nesse sentido, precisamos nos manter longe do erro, o qual é provocado por opiniões e falácias generalizadas. O passado, isto é, a tradição, destaca-se como fundamento sólido passível de compreensão.

O horizonte do presente está em constante formação, na medida em que precisa sempre **colocar à prova** nossos preconceitos. Essa expressão representa o encontro do passado com a compreensão que temos da tradição. Portanto, "compreender é sempre o processo de fusão desses dois horizontes presumivelmente dados por si mesmos" (VM, p. 457), ou seja, da tradição com os preconceitos que adquirimos e determinam o compreender. Esses dois elementos são fundamentais para a compreensão do texto. Entretanto, no encontro da tradição com a consciência histórica, existe uma tensão entre o presente e o texto que analisamos, a qual não deve ser anulada, mas desenvolvida conscientemente.

Dessa forma, o horizonte histórico é um momento do processo de compreensão que não diz respeito a um apego extremo ao passado, mas se efetiva por um horizonte compreensivo no presente. Contudo, o problema da aplicação e da experiência é essencial para a consolidação do horizonte histórico em uma fase do processo de compreensão. Esses dois conceitos são fundamentais para a efetivação da hermenêutica de Gadamer.

A tradição hermenêutica pressupunha três momentos distintos: compreensão, interpretação e aplicação. Porém, com Heidegger, toda compreensão passou a ser interpretativa. Foi com Gadamer que a aplicação passou a fazer parte da hermenêutica, fazendo com que toda compreensão interpretativa requeresse uma aplicação no contexto textual. A aplicação tornou-se um momento do processo hermenêutico, "tão essencial e integrante como a compreensão e a interpretação" (VM, p. 460).

Desde então, ==compreender é aplicar algo real a um caso particular e determinado em um contexto==. A fim de melhor explicar o conceito de *aplicação*, Gadamer o compara à teoria ética de Aristóteles. Em linhas gerais, este pensador propõe que uma ética, para ser validada em um caso específico, deve, primeiramente, ser deliberada como uma norma universal, ou seja, é necessária uma análise aprofundada de como a norma ética deve ser aplicada e realizada em dado contexto. Portanto, o modelo ético aristotélico apresenta duas formas de aplicação que podem ser comparadas à hermenêutica: primeiro, porque podemos interpretar um texto universal em um contexto particular, isto é, o de quem interpreta; segundo, porque o intérprete pode obter um autoconhecimento do texto sem pressupor uma análise puramente objetivista de outras possíveis interpretações.

Dessa discussão, podemos extrair três perspectivas para a aplicação hermenêutica de Gadamer:

1. Se, por meio do conceito de *equidade*, podemos modificar uma lei para aplicá-la em um contexto específico, da mesma forma, a "aplicação do preconceito do texto pode envolver uma modificação de seu significado para torná-lo inteligível no horizonte do intérprete" (Schmidt, 2014, p. 157). Portanto, podemos modificar o texto e acrescentar a ele significados não pertencentes ao original, tendo em vista que tal alteração tem uma aplicação para o contexto em que estamos inseridos, facilitando, assim, sua compreensão.

2. Quando um texto é escrito, não estão determinados todos os usos que ele pode vir a ter, ou seja, não há como estabelecer de antemão todos os significados que poderá abarcar. Por exemplo: a palavra *justiça* não tem o mesmo significado em todos os períodos da história, cabendo ao intérprete aplicar ou traduzir o que o autor disse no passado sobre o termo no contexto atual.

3. Com o auxílio da concepção prévia da perfeição, o intérprete, ao analisar o texto, deve utilizar uma compreensão "simpática", isto é, fortalecer, por meio de seus preconceitos, a análise empreendida no texto.

Apresentamos, a seguir, um exemplo que pretende selar, de certo modo, o funcionamento da aplicação na teoria hermenêutica.

Gadamer usa as figuras do jurista e do historiador jurídico. O primeiro toma a lei de acordo com determinado caso, e o segundo procura analisá-la no contexto de possibilidades de aplicações. O historiador deve buscar interpretar a lei desde o momento em que foi criada até o contexto atual. O juiz, ao contrário, deve conhecer a lei historicamente e aplicá-la a uma situação concreta, isto é, aplicar o sentido verdadeiro dela em um caso particular. Além de interpretar a lei no momento em que foi criada, o historiador deve apresentar as possíveis variações que ela precisou sofrer para chegar até o contexto atual.

Sendo assim, devemos lembrar que, no caso da lei ou de outro texto, seu significado somente será verdadeiro e original se forem levadas em conta as diversas utilizações e interpretações que teve ao longo da história. Em ambos os casos, a interpretação da lei está condicionada à aplicação em um contexto – particular, no caso do juiz, e coletivo, no caso do historiador –, devendo ser analisada em um âmbito geral.

O mesmo acontece com o filólogo, que deve analisar o texto de acordo com o contexto em que vive. Ou seja, não se trata simplesmente de examinar um texto de acordo com a época em que foi escrito, mas de analisar as possíveis interpretações e significações que ele recebeu ao longo da tradição e que, portanto, constituem seu significado mais original e completo. Para isso, o intérprete deve ter consciência da história efeitual e saber que está no horizonte de significado, com seus preconceitos herdados pela tradição.

> Na concepção de Gadamer, a experiência faz parte da essência histórica do próprio homem, na medida em que é algo de que não podemos nos poupar, pois constantemente fazemos uso dela.

Mas como a consciência que temos da história efeitual pode ser determinada? Por meio do conceito de *experiência* que Gadamer desenvolve em sua teoria hermenêutica. Ao longo da tradição filosófica, a experiência foi discutida, na maioria das vezes, apenas nos planos prático e científico, pois o aspecto histórico não era levado em consideração. De certo modo, a experiência era considerada válida até que fosse refutada por outra – isso em uma visão moderna.

Devemos evidenciar o caráter negativo da experiência para entender a proposta de Gadamer. Para Hegel, esse aspecto conduz a um conhecimento absoluto por meio da dialética, pois, desde que descobrimos que nossa experiência não condiz com o fato em si, ela é substituída por outra, e assim por diante, até conhecermos, de fato, a coisa. Porém, para Gadamer, tal aspecto nos conduz a possibilidades de experiências que podem vir a ser vivenciadas no futuro.

Diante disso, a negatividade da experiência é capaz de nos projetar a experiências futuras e também ao conhecimento de modo geral. O homem que é capaz de experimentar é habilitado a aprender. Trata-se de uma abertura rumo à aprendizagem, portanto, ao conhecimento.

Na concepção de Gadamer, a experiência faz parte da essência histórica do próprio homem, na medida em que é algo de que não podemos nos poupar, pois constantemente fazemos uso dela. Fazer uma experiência autêntica de algo significa autoconhecimento. Afinal, a partir do momento que sofremos, aprendemos e conhecemos melhor as coisas. Uma possibilidade de interpretarmos a experiência é relacioná-la à finitude humana, ou seja, quem é capaz de reconhecer sua limitação finita está aberto a possibilidades de conhecimento. No entanto, o que isso tem a ver com hermenêutica? Como podemos fazer uma experiência hermenêutica?

Gadamer associa a experiência hermenêutica à tradição. É por meio desta que podemos chegar à experiência. Para isso, devemos entender a tradição como uma linguagem capaz de falar por si mesma, como faz outro sujeito. Entretanto, não podemos entender esse outro como um objeto, em que o intérprete assume a posição de observador e apenas lê o que o texto diz, sendo esse intérprete sua única referência. Esse outro pode ser reconhecido também como uma pessoa, mas, na relação entre o eu (intérprete) e o outro, o eu afirma conhecer melhor o outro que ele próprio. Isso quer dizer que o intérprete acredita que, por transcender historicamente o tempo do autor, é capaz de compreendê-lo melhor que ele mesmo se compreendia.

A verdadeira experiência hermenêutica nessa relação entre o eu e o outro apresenta-se de maneira clara e objetiva em uma forma de compreender e reconhecer o tu como um *tu*, isto é, sua reivindicação no texto não é ignorada e o eu escuta o que ele tem a dizer a nós. O eu escuta o outro, e este está aberto a ouvi-lo. "Se não existe esta mútua abertura, tampouco existe verdadeiro vínculo humano" (VM, p. 532). A fórmula fundamental é ouvirmos uns aos outros. Compreender e escutar o outro não significa aceitar cegamente o que ele tem a dizer.

"A abertura para o outro implica, pois, o reconhecimento de que devo estar disposto a deixar valer em mim algo contra mim, ainda que não haja nenhum outro que o vá fazer valer contra mim" (VM, p. 532).

De acordo com Gadamer, o significado da experiência hermenêutica pode ser resumido do seguinte modo: deixamos a tradição valer-se de suas próprias pretensões, isto é, precisamos estar atentos e ouvir o que ela tem a nos dizer. Para isso, devemos estar abertos a possibilidades de experiência. A consciência da história efeitual permite que a tradição se converta em experiência, fazendo com que a verdade se revele. Essa verdade da experiência da consciência autorreflexiva efetuada na história nada mais é que termos consciência de que estamos abertos a experiências futuras, as quais são capazes de corrigir aquilo que achávamos que sabíamos.

5,3
Linguagem na perspectiva hermenêutica de Gadamer

Nesta seção, daremos continuidade à discussão sobre a experiência hermenêutica. Como não conseguimos esgotar o tema, precisaremos, em certos momentos, dar indicativas de elementos que estão presentes na obra gadameriana. Portanto, analisaremos brevemente a estrutura lógica de abertura que caracteriza a consciência hermenêutica: a pergunta.

Toda experiência se efetiva como uma atividade do perguntar. O processo de conhecimento sobre algo inicia-se com uma pergunta. Esta funciona como um caminho que podemos seguir, isto é, aponta para uma direção, pois precisa pressupor algo para expor aquilo que é perguntado. Por meio da pergunta, apresentamos algo a ser investigado e descoberto. Para que possamos expor alguma coisa claramente, é necessário que a pergunta tenha sentido e nos oriente a algo.

A pergunta nos conduz ao caminho do conhecimento. Saber perguntar é mais difícil que responder a um questionamento. Uma pergunta, quando não feita com clareza, em um padrão lógico, pode acarretar uma má compreensão. Por exemplo: perguntar pela cor dos números não acrescenta nada ao conhecimento e não pressupõe um horizonte preciso de compreensão. Por isso, a arte de perguntar e responder nos conduz ao diálogo.

A dialética é fundamental para conduzir uma conversação, pois, por meio dela, os sujeitos envolvidos no diálogo miram uma unidade comum, isto é, constroem conceitos com base em uma mesma intenção. Na hermenêutica, o diálogo entre o texto e o intérprete também funciona dessa maneira. Existe uma relação linguisticamente orientada para o sentido original do texto, a qual o intérprete é capaz de entender, tornando a interpretação um diálogo. Como em um diálogo, se tentamos interpretar um texto apenas para provar nossa certeza diante daquilo que imaginamos, ele se torna inautêntico. Porém, se estamos abertos a entender o que o texto tem a nos dizer, imergimos em sua tradição, deixando-o falar para, depois, o interpretarmos; assim, o diálogo torna-se autêntico.

> *No diálogo, os parceiros movidos pela paixão pelo saber universal comprometem-se com suas perguntas e suas respostas. No processo dialógico, os participantes se envolvem de tal modo que não discorrem apenas sobre diferentes ideias, mas implicam-se, afetam-se e transformam-se ao longo do processo dialógico.* (Rohden, 2008, p. 158)

Compreender um texto, para Gadamer (VM, p. 551), passa a ser a capacidade de compreender uma pergunta: "Compreender a questionabilidade de algo é, antes, sempre perguntar". Por isso, essa pergunta deve retroceder ao tempo do texto, e só poderemos compreendê-la quando estiver no horizonte do perguntar, isto é, além de um questionamento, e ela própria for a resposta para a indagação.

Quando o intérprete é capaz de conversar com o texto, como se estivesse em diálogo com outra pessoa, evidencia-se mais uma função da aplicação. Ao usar a concepção prévia da perfeição e compreender os argumentos presentes no texto, o intérprete questiona seus próprios preconceitos, descobrindo quais são legítimos – assim, abre-se a um horizonte expandido de possibilidades.

> "Compreender uma pergunta quer dizer perguntá-la. Compreender uma opinião quer dizer compreendê-la como resposta a uma pergunta" (VM, p. 552).

Seguindo esse pensamento sobre a importância do diálogo para a tarefa hermenêutica, uma vez que ocorre a fusão entre os horizontes da tradição e das possibilidades futuras de interpretação que determinam a compreensão, nasce o "genuíno desempenho da linguagem" (VM, p. 555). Assim como existe interação entre as pessoas que estão em diálogo e há acordo sobre alguma coisa, ocorre interação entre o intérprete e o texto, pois a compreensão dessa coisa se dá por meio de uma forma linguística. Para que a compreensão se efetive numa conversação ou em um texto, é necessária uma linguagem comum entre as partes. Moldar-se à conversação é uma forma de compreensão e transformação daquilo que se pretende interpretar. Por isso, a partir de agora, vamos tratar da linguagem como uma virada ontológica que Gadamer propõe em sua teoria hermenêutica.

Segundo esse autor, a linguagem é um meio que utilizamos para compreender um texto, assim como fazemos ao traduzir algo de uma língua para outra. Em um processo linguístico, a aplicação e a interpretação são essenciais para a compreensão. Sendo assim, quanto mais próximos a linguagem e o intérprete estiverem, mais fácil se tornarão os processos de aplicação e interpretação. Concluímos, então, que a compreensão ocorre por meio da linguagem e que nossa consciência é compreendida por esta. Por isso, tanto para Gadamer quanto para Heidegger, a linguagem revela o mundo.

Schmidt (2014, p. 169) afirma que "a linguagem também é o objeto da experiência hermenêutica". Apesar de existirem objetos não linguísticos, como obras de arte e monumentos históricos, eles têm um significado histórico e, para compreendê-los, precisamos fazer uso de uma linguagem. Portanto, a atividade hermenêutica em si concretiza-se somente por meio da linguagem (escrita ou falada). Dessa forma, a compreensão de um texto envolve tanto a aplicação quanto a interpretação, ou seja, precisamos traduzi-lo para a nossa linguagem. O processo de pergunta e resposta que caracteriza a experiência hermenêutica ocorre pelo método dialógico, isto é, por meio da linguagem.

Nossos preconceitos herdados da tradição são linguísticos. Quando os empregamos na interpretação de algo, eles nos ajudam a compreender o verdadeiro significado do texto, permitindo que este fale conosco. No entanto, para que o processo interpretativo não seja equivocado, precisa haver um acordo entre o texto e o intérprete.

Em virtude da herança de nossos preconceitos da tradição e de nossa capacidade linguística de comunicação, podemos interpretar textos do passado. "A forma linguística e o conteúdo da tradição não podem ser separados na experiência hermenêutica" (VM, p. 640). Esse movimento hermenêutico de interpretação ligado à tradição é especulativo, mas não no sentido hegeliano, segundo o qual podemos alcançar um conhecimento absoluto. Ele é, antes, um movimento relativo e incompleto e, conforme Gadamer, os erros e os equívocos nos processos de interpretação e compreensão

> O processo de pergunta e resposta que caracteriza a experiência hermenêutica ocorre pelo método dialógico, isto é, por meio da linguagem.

devem ser eliminados. A tradição deve acompanhar o movimento interpretativo do intérprete, ou seja, uma interpretação não é absoluta simplesmente porque atende exata e corretamente ao contexto atual daquele que interpreta.

A tradição possibilita, por meio da linguagem, uma interpretação sobre algum aspecto que outras interpretações realizadas não conseguiram captar, ou não captaram por completo. Assim como a visão particular de um indivíduo capta apenas aspectos específicos do mundo, uma interpretação particular, por mais precisa e correta que seja, analisa somente aspectos singulares, isto é, únicos e particulares, sejam de um texto, sejam do que se pretende compreender. Desse modo, não existe uma interpretação completa da coisa em si; tal fato nos aponta para uma infinitude no aspecto da compreensão do homem.

Falar de diferentes horizontes interpretativos é um modo especulativo de entender a coisa em si. Em razão da grande multiplicidade de aspectos, o mesmo assunto pode apresentar perspectivas corretas sob pontos de vista distintos.

No tocante a esse aspecto da filosofia hermenêutica de Gadamer, tomaremos como exemplo a peça teatral *Hamlet* (1997), de Shakespeare. Ao assistirmos à peça hoje, por mais correta e precisa que seja a interpretação dos atores, possivelmente concordaremos que não se trata da única nem da melhor interpretação ao longo da história. Podemos até sugerir que seja a mais apropriada para a época, mas não a única, senão estaremos negando todas as interpretações até então apresentadas e as que estão por vir. Sendo assim, não teria sentido outro alguém interpretar a peça, uma vez que tal tentativa seria um fracasso. Se afirmássemos que a única apresentação de fato correta foi a de Shakespeare, estaríamos pressupondo que todas as outras, a partir de então, foram mal-interpretadas. Mesmo se tentássemos reproduzir a peça originalmente, não conseguiríamos nem os atores nem um Shakespeare para representá-los.

Toda essa colocação serve para mostrar a concepção de Gadamer de que não existe uma única interpretação possível e correta de *Hamlet*, mas apresentações bem-sucedidas que tratam de aspectos diferentes sob diversas perspectivas. Em outras palavras, a apresentação da peça é um evento especulativo, pois traz vários pontos de vista, todos espelhados na peça original produzida por Shakespeare. Tal fundamento teórico também se aplica aos textos.

Para Gadamer, uma das funções fundamentais da linguagem como mediadora da experiência do mundo é o caráter dialógico, o qual não é controlado nem por um sujeito nem por um grupo que pratica a conversação. Trata-se de uma estrutura específica da hermenêutica.

Podemos indicar pontos divergentes entre a filosofia de Heidegger e a de Gadamer a respeito do caráter dialógico da linguagem. É possível sugerirmos uma continuidade do caráter dialógico de Gadamer com o projeto filosófico de Heidegger, pois, para este, o ser do homem se funda na linguagem e se desenvolve por meio do diálogo.

Entretanto, podemos insinuar que esse diálogo de Heidegger é algo "divino", ao passo que, para Gadamer, trata-se de uma conversação entre homens. O que diferencia essas concepções é o conceito de mutualidade proposto por Gadamer. Se, para Heidegger, o esforço da *compreensão* está em buscar uma forma original da linguagem que se manifesta de forma silenciosa no ser, para Gadamer, o processo de compreensão se desenvolve em uma linguagem familiar presente no mundo em que vivemos.

> A compreensão para Gadamer acontece pela experiência que fazemos e que é projetada para novas possibilidades de ser no futuro. Sendo assim, é na linguagem como abertura para um mundo comunitário que acontece a experiência hermenêutica; portanto, é onde há compreensão. Desse modo, se, para Heidegger, esta acontece de maneira solitária por meio do diálogo, para Gadamer, o diálogo é condição básica para a compreensão.

Gadamer constata que, quanto mais autêntica é uma conversação, menos os interlocutores conseguem conduzi-la da forma que desejam. Em outras palavras, uma conversa autêntica é conduzida por si mesma quando se desenvolve espontaneamente. Os interlocutores são dirigidos pelo diálogo, e o acordo ou o fracasso sobre o tema discutido se manifesta ao longo do discurso, sem que possamos controlar os resultados antecipadamente ou prevê-los. Assim, podemos dizer que a linguagem tem seu próprio espírito e é nela que se encontra a verdade, ou seja, a linguagem revela ou descobre algo novo por meio do diálogo. O próprio autor reconhece que compreender uma linguagem claramente é uma das tarefas mais obscuras que a reflexão humana já encontrou.

Segundo Gadamer, a linguagem é um modo de compartilhamento e de participação entre os interlocutores em um diálogo. Por meio da conversação, podemos nos aproximar desse caráter obscuro que envolve a linguagem e nos abrir ao desconhecido, isto é, quando iniciamos um diálogo, aceitamos as regras do jogo e acolhemos as ideias contrárias às nossas. O filósofo introduz esse conceito de acordo com sua concepção hermenêutica:

> *A conversação é um processo pelo qual se procura chegar a um acordo. Faz parte de toda verdadeira conversação o atender realmente ao outro, deixar valer os seus pontos de vista e pôr-se em seu lugar, e talvez não no sentido de que se queira entendê-lo*

como esta individualidade, mas sim no de que se procura entender o que diz. O que importa que se acolha é o direito de sua opinião, pautado na coisa, através da qual podemos ambos chegar a nos pôr de acordo com relação à coisa. (VM, p. 561)

Esse "pôr-se de acordo" em uma conversação é um aspecto realmente hermenêutico, pois, por intermédio disso, estamos procurando compreender textos, uma vez que o acordo também se efetiva em um diálogo por meio da linguagem. Compreender é preencher algo com palavras, formular algo linguisticamente. Contudo, nossa compreensão não ocorre somente por meio das palavras, visto que podemos compreender sinais, placas etc.

Uma contribuição de Gadamer no que se refere à maneira como compreendemos algo linguisticamente, ou seja, como interpretamos o que nos é transmitido, é que, enquanto o ouvinte escuta o que seu interlocutor tem a dizer e tenta compreendê-lo, acaba buscando, por meio das palavras, uma forma de responder a seus questionamentos e, assim, interagir no diálogo. Desse modo, podemos afirmar que compreender é uma forma de articular com palavras aquilo que queremos compreender. Sendo assim, enquanto tentamos compreender algo e nos expressar por meio de palavras, a linguagem funciona como uma mediação entre o mundo e nossa experiência interpretativa.

A linguagem, sendo um princípio de ordenação do mundo, torna possível a convivência entre os homens, uma vez que podemos realizar experiências comuns a todos. O homem, por ser dotado de racionalidade (expressa pela linguagem) e ser capaz de se comunicar e pensar o que é comum, torna possível uma convivência humana e harmoniosa na sociedade.

Por meio da linguagem, podemos conhecer o ser das coisas. No entanto, não se trata de um instrumento que temos à nossa disposição; pelo contrário, nosso pensamento habita a linguagem, a qual nos constitui como homens sociáveis. A linguagem é um *medium* da experiência hermenêutica, pois, por meio dela, transmitimos a tradição e, como esta é base para a compreensão, a linguagem torna-se fundamental para interpretarmos as coisas.

> A linguagem, sendo um princípio de ordenação do mundo, torna possível a convivência entre os homens, uma vez que podemos realizar experiências comuns a todos.

O ser especulativo nos indica que podemos tratar do mesmo assunto linguisticamente sob diferentes interpretações e, ainda assim, elas serão corretas. Então, qualquer pretensão de compreensão do ser, na qual os intérpretes se propõem a interpretar e chegar a um acordo, ocorre na linguagem, e sua compreensão requer interpretação e aplicação. Gadamer (VM, p. 687) afirma que "o ser que pode ser compreendido é linguagem".

O mundo que nos é revelado, no qual podemos refletir, investigar e interpretar, acontece graças à linguagem. Cada homem, pelo uso de sua linguagem particular, interpreta e apresenta uma visão de mundo. A interpretação que fazemos de tal mundo, corretamente ou não, acontece por meio da linguagem.

O conceito de *belo*, vindo do grego, pode funcionar como um bom exemplo a serviço da hermenêutica de Gadamer. Representa as coisas belas que têm valor por si mesmas, isto é, são excelentes por si. Do caráter metafísico do belo, podemos retirar duas possíveis relações entre o aparecer deste e a evidência do que é compreensível:

1. A primeira relação é que tanto a manifestação do belo quanto o modo de ser da compreensão apresentam caráter de evento. Esclarecemos que a experiência hermenêutica ocorre quando reconhecemos que aquilo que pensamos ser verdadeiro e correto é, no fundo, um erro ou um engano, ou seja, algo falso ou incorreto.

Quando o intérprete amplia seu horizonte de interpretação, várias respostas são colocadas à sua disposição, a fim de que esclareça a pergunta proposta pelo texto e pela tradição. Em outras palavras, assim como acontece com o belo, a resposta colocada pelo texto é evidente e faz com que seus interlocutores concordem. De acordo com Gadamer (VM, 701), "o verossímil, o evidente, formam uma série que pode defender sua própria justificação, face à verdade e à certeza do que está demonstrado e sabido". O evidente é sempre algo dito, isto é, uma proposta, uma suposição, ou seja, aquilo que ainda não está demonstrado claramente nem posto como correto, mas que vai se tornando algo provável.

Assim como o belo se destaca como um encantamento ou uma aventura, o evidente, no sentido hermenêutico, sempre tem algo surpreendente, isto é, faz com que apareçam novas interpretações acerca do que buscamos compreender. Nesse sentido, a tradição da retórica pode ajudar uma interpretação a tornar-se verdadeira, mesmo que ela não seja provada cientificamente. Em outros termos, quando o diálogo é esclarecedor e evidente, ele tem o poder de convencer os interlocutores, fazendo com que acreditem que tal interpretação é verdadeira. Portanto, uma interpretação hermenêutica, além de contar com um caráter evidente, pode tornar-se verdadeira mesmo fugindo dos detalhes; para isso, basta ser convincente.

2. A segunda relação entre o belo e o compreensível refere-se à evidência da verdade. Na experiência hermenêutica, ela se revela quando o intérprete se abre à possibilidade de realizar uma experiência autêntica, ou seja, quando aquele que interpreta ouve o que o texto tem a dizer e este diz algo verdadeiro, isto é, acrescenta algo à discussão. Nesse caso, temos uma experiência

autêntica, pois, no fundo, estamos ampliando nosso horizonte de conhecimento.

Em suma, no diálogo que ocorre entre certos indivíduos ou, até mesmo, entre o intérprete e o texto analisado, surge uma série de interpretações possíveis realizadas ao longo da tradição e, também, interpretações que fizemos previamente do texto. Estamos falando de nossos preconceitos, que são levados em consideração quando interpretamos e tentamos compreender algo.

De uma maneira que não pode ser prevista, nossos preconceitos concluem uma interpretação correta e, com o uso da linguagem, convencemos as pessoas de sua validade. Após a análise de várias interpretações, o evento hermenêutico se concretiza e, assim, conseguimos uma unidade de significado coerente para o texto que interpretamos. Feito isso, rejeitamos os preconceitos ilegítimos e acolhemos os legítimos.

"Não existe compreensão que seja livre de todo preconceito" (VM, p. 709). É assim que Gadamer termina sua obra *Verdade e método*. Ainda podemos acrescentar que o diálogo hermenêutico, isto é, a relação entre perguntas e respostas que os interlocutores realizam, conduz ao evento da verdade quando eles chegam a um acordo, quando um é capaz de ouvir o que o outro tem a dizer. Assim, à medida que reconhecem seus preconceitos ilegítimos, eliminam-nos, restando apenas os legítimos, que permitem o alcance de uma compreensão correta e adequada. Todo esse processo acontece por meio da linguagem.

Síntese

Neste capítulo, apresentamos as principais contribuições filosóficas sobre o tema da *hermenêutica* segundo o pensamento de Gadamer. O autor alemão desenvolveu sua teoria hermenêutica com base na descrição ontológica das estruturas prévias da compreensão de Heidegger, chamadas de *preconceitos*. Estes são legítimos à medida que nos levam a uma compreensão correta de algo e ilegítimos quando não o fazem. Nesse sentido, a questão fundamental da obra *Verdade e método* é: Como podemos identificar os preconceitos legítimos por meio de uma compreensão correta? Para responder a tal questionamento, o filósofo recupera os conceitos de *autoridade* e de *tradição*, tão debatidos e, certas vezes, ignorados pelo conhecimento filosófico. Vamos retomar os principais pontos trabalhados ao longo deste capítulo:

- Explicamos que, para Gadamer, os preconceitos legítimos estão contidos na tradição e, por meio de uma análise correta, podemos alcançá-los. Assim como Heidegger, ele propõe que a compreensão aconteça dentro de um círculo hermenêutico, isto é, o intérprete deve pressupor, anteriormente à interpretação, que o texto seja coerente e busque afirmar a verdade. Para isso, utiliza a concepção prévia da perfeição. Assim, uma vez que somos capazes de reconhecer os preconceitos existentes no texto, podemos questionar nossos próprios preconceitos. A distância temporal entre o texto e aquele que o interpreta sempre abre novas possibilidades de interpretação e de significados.

- Discorremos também sobre o conceito de *história efeitual*, fundamental para o entendimento do processo interpretativo, visto que nossos preconceitos são herdados pela tradição e, por meio deles, percebemos o efeito da história. *Compreender* significa, então, unir o horizonte do intérprete ao do texto. Para chegar a este, o intérprete deve aplicar a seu próprio contexto aquilo que o texto diz. Por isso, apresentamos os conceitos de *aplicação* e de *experiência*. "A verdade da experiência da consciência autorreflexiva efetuada historicamente é que estamos fundamentalmente abertos a experiências futuras que corrijam o que achávamos que sabíamos" (Schmidt, 2014, p. 161).

- Ressaltamos ainda que, para compreender um texto, o intérprete precisa dialogar com ele por meio de perguntas e respostas. A tradição faz perguntas ao indivíduo que interpreta e este tenta descobrir as respostas para tais questionamentos. Em uma experiência autêntica de compreensão, assim como em um diálogo, é necessário que ambas as partes estejam atentas ao que o outro tem a dizer, para que possam chegar a um acordo.
- Partimos da evidência de que a linguagem é a base ontológica da compreensão e o objeto da experiência hermenêutica. Mostramos que existe uma multiplicidade de interpretações para o mesmo texto, o que não significa que uma ou outra está incorreta. Gadamer chama esse evento de *especulação*, pois cada interpretação representa um aspecto daquilo que o texto diz e os pontos de vista variam conforme o intérprete. Por isso, em um evento hermenêutico, uma interpretação correta, isto é, o preconceito legítimo, brilha por meio do caráter dialógico de pergunta e resposta, sendo capaz de convencer os interlocutores. Portanto, no processo hermenêutico, podemos alcançar a verdade sem que existam conclusões científicas a respeito do tema investigado.

Convém frisarmos que a obra filosófica de Gadamer sobre a hermenêutica é complexa e extensa. Portanto, versamos apenas sobre os pontos que consideramos essenciais ao estudo do tema. Sendo assim, cabe a você aprofundar os assuntos discutidos e os conceitos apresentados.

Indicações culturais

As indicações a seguir possibilitam a compreensão do pensamento de Gadamer sob diferentes pontos de vista.

Os filmes sugeridos não têm tanta proximidade com os temas abordados, mas nos permitem realizar uma interpretação destes. Afinal, conforme Gadamer, o processo de compreensão deveria pressupor uma abertura de horizonte por parte do intérprete, fazendo com que ele procurasse respostas para as perguntas impostas pela tradição. Ao assistir aos filmes, procure interpretá-los de acordo com seus preconceitos, de maneira correta e particular, eliminando os ilegítimos e validando os legítimos.

Já os livros indicados propiciam o aprofundamento dos conteúdos trabalhados ao longo deste capítulo e o instigam a buscar sempre novas fontes e perspectivas acerca da filosofia de Gadamer.

Filmes

> BASTARDOS inglórios. Direção: Quentin Tarantino. EUA: Universal, 2009. 153 min.
>
> ELE está de volta. Direção: David Wnendt. Alemanha: Constantin Film, 2015. 116 min.
>
> TROIA. Direção: Wolfgang Petersen. EUA: Warner Bros. Pictures, 2004. 155 min.

Livros

> APEL, K.-O. **Transformação da filosofia I**: filosofia analítica, semiótica, hermenêutica. Tradução de Paulo Astor Soethe. 2. ed. São Paulo: Loyola, 2005.

FLICKINGER, H.-G. **Gadamer & a educação**. Belo Horizonte: Autêntica, 2014.

GADAMER, H.-G. Da palavra ao conceito: a tarefa da hermenêutica enquanto filosofia. In: ALMEIDA, C. L. S. de; FLICKINGER, H.-G.; ROHDEN, L. (Org.). **Hermenêutica filosófica**: nas trilhas de Hans-Georg Gadamer. Porto Alegre: EdiPUCRS, 2000. p. 18-19.

GADAMER, H.-G. **Verdade e método I**: traços fundamentais de uma hermenêutica filosófica. Tradução de Flávio Paulo Meurer. Petrópolis: Vozes, 1997.

GADAMER, H.-G. **Verdade e método II**: complementos e índice. Tradução de Enio Paulo Giachini. 2. ed. Petrópolis: Vozes, 2002.

GRONDIN, J. **Hans-Georg Gadamer**: a Biography. London: Yale University Press, 2003.

OLIVEIRA, M. A. de. **Reviravolta linguístico-pragmática na filosofia contemporânea**. 3. ed. São Paulo: Loyola, 2006.

REALE, G. **História da filosofia**: de Nietzsche à Escola de Frankfurt. 6. ed. São Paulo: Paulus, 2006. (Coleção História da Filosofia, v. 6).

ROHDEN, L. **Interfaces da hermenêutica**: método, ética e literatura. Caxias do Sul: Educs, 2008.

STEIN, E. **Aproximações sobre hermenêutica**. 2. ed. Porto Alegre: EdiPUCRS, 2010.

Atividades de autoavaliação

1. Gadamer utiliza a compreensão proposta por Heidegger como um modo de ser do *Dasein*, ou seja, uma característica fundamental do ser humano. A todo instante, estamos compreendendo as coisas à nossa volta. Portanto, para Heidegger, a compreensão está associada a uma projeção arremessada, que tem como pano de fundo possibilidades de concretização e de autocompreensão do sujeito. Para Gadamer, mesmo a compreensão de um texto do passado pode revelar uma autocompreensão do futuro, isto é, as possibilidades do ser. Que nome Gadamer dá às estruturas prévias da compreensão de Heidegger?

    a) Tradição.
    b) Felicidade.
    c) Linguagem.
    d) Preconceito.
    e) *Dasein*.

2. Interpretamos um texto à luz de nossos preconceitos e, se uma de nossas interpretações se choca com a do texto, devemos substituí-la por outra mais adequada. Sendo assim, a tarefa hermenêutica é possível e infinita. O intérprete deve sempre buscar novas interpretações para o texto, de acordo com a exigência deste. Qual é o nome desse movimento de interpretação que parte do todo e chega às partes para, depois, retornar ao todo?

    a) Reviravolta pragmática.
    b) Círculo hermenêutico.
    c) Iluminismo.
    d) Renascimento.
    e) Navalha de Ockham.

3. Marque V para as afirmações verdadeiras e F para as falsas:

   ( ) Podemos modificar o texto e acrescentar a ele significados não pertencentes ao original, tendo em vista que tal alteração tem uma aplicação para o contexto em que estamos inseridos, facilitando, assim, sua compreensão.

   ( ) Quando um texto é escrito, não estão determinados todos os usos que ele pode vir a ter, ou seja, não há como estabelecer de antemão todos os significados que poderá abarcar.

   ( ) Com o auxílio da concepção prévia da perfeição, o intérprete, ao analisar o texto, deve utilizar uma compreensão "simpática", isto é, fortalecer, por meio de seus preconceitos, a análise empreendida no texto.

   Assinale a sequência correta:
   a) V, F, F.
   b) V, F, V.
   c) V, V, V.
   d) F, V, F.
   e) F, F, V.

4. A linguagem, para Gadamer, é um meio que utilizamos para compreender um texto, assim como fazemos ao traduzir algo de uma língua para outra. Em um processo linguístico, a aplicação e a interpretação são essenciais para a compreensão. Sendo assim, quanto mais próximos a linguagem e o intérprete estiverem, mais fácil se tornarão os processos de aplicação e interpretação. Concluímos, então, que a compreensão ocorre por meio da linguagem e que nossa consciência é compreendida por esta. Por isso, tanto para Gadamer quanto para Heidegger, a linguagem revela o mundo.

Nesse trecho, frisamos a importância do giro ontológico que Gadamer propõe em sua teoria hermenêutica. Qual é o aspecto evidenciado pelo autor?

a) Tradição.
b) Hermenêutica.
c) Linguagem.
d) Horizonte de aplicação.
e) Interpretação.

5. O trecho a seguir foi extraído da obra *Verdade e método*, de Gadamer.

> A conversação é um processo pelo qual se procura chegar a um _____. Faz parte de toda verdadeira conversação o atender realmente ao outro, deixar valer os seus pontos de vista e pôr-se em seu lugar, e talvez não no sentido de que se queira entendê-lo como esta individualidade, mas sim no de que se procura entender o que diz. O que importa que se acolha é o direito de sua opinião, pautado na coisa, através da qual podemos ambos chegar a nos pôr de acordo com relação à coisa. (VM, p. 561)

Qual destes termos melhor preenche a lacuna?

a) Histórico.
b) Relacionamento.
c) Lugar.
d) Idioma.
e) Acordo.

Atividades de aprendizagem

Questões para reflexão

1. Leia o trecho a seguir:

> No âmbito jurídico, *preconceito* é uma decisão judiciária que prevê a verdadeira e própria sentença definitiva. Para quem é chamado ao juízo, a emanação de tal sentença prévia contrária representa obviamente uma limitação das probabilidades de vencer. *Préjudice*, como *praejudicium*, também significa, assim, simplesmente limitação, desvantagem, dano, prejuízo. Mas esse caráter negativo é apenas uma consequência. É justamente a validade positiva, o valor pré-judicial da decisão precedente – como, justamente, de um "precedente" – que fundamenta a consequência negativa. *Preconceito*, portanto, não significa juízo falso; o conceito implica que ele pode ser avaliado tanto positiva como negativamente. Se nos reportamos ao latim *praejudicium* torna-se mais fácil ver como, ao lado do sentido negativo, a palavra passa ter também um sentido positivo. (Gadamer, 1997)

Realize uma pesquisa sobre o modo como o termo *preconceito* foi abordado ao longo da história. Produza um texto dissertativo (no mínimo, 30 linhas) apresentando aspectos positivos e negativos ligados a esse termo. Na construção textual:
- explique a diferença entre a maneira como usualmente entendemos a noção de *preconceito* e a maneira como Gadamer a entendia;
- aborde as relações entre interpretação e preconceito;
- comente as principais contribuições de Gadamer para a hermenêutica contemporânea.

2. A linguagem é um mecanismo que nos permite compreender. Gadamer afirma que ela é o objeto da experiência hermenêutica. O caráter dialógico essencial para a compreensão acontece pela e na linguagem, a qual é essencial para qualquer atividade humana. Com base nisso, realize uma pesquisa sobre o modo como a linguagem é compreendida desde a filosofia grega até a contemporaneidade. Apresente seus argumentos, confronte-os com os de diversos pensadores e produza um texto crítico (no mínimo, 30 linhas) sobre o tema. Na construção textual:
   - explore os tipos e os métodos em filosofia da linguagem;
   - apresente quatro dos principais pensadores da história da filosofia e sua compreensão de linguagem;
   - responda à questão: Como a linguagem está ligada à experiência humana?

Atividades aplicadas: prática

1. Elabore um resumo da obra *Verdade e método*, de Gadamer.

2. Assista a um dos filmes sugeridos na seção "Indicações culturais" e produza uma dissertação crítica (no mínimo, 30 linhas) sobre ele. Evidencie os aspectos históricos do filme, analisando-os no contexto atual. Para produzir o texto, responda às seguintes questões:
   - Qual é a mensagem do filme para a sociedade contemporânea?
   - Quais são os pontos de aproximação e de distanciamento entre a época retratada no filme e a atual?

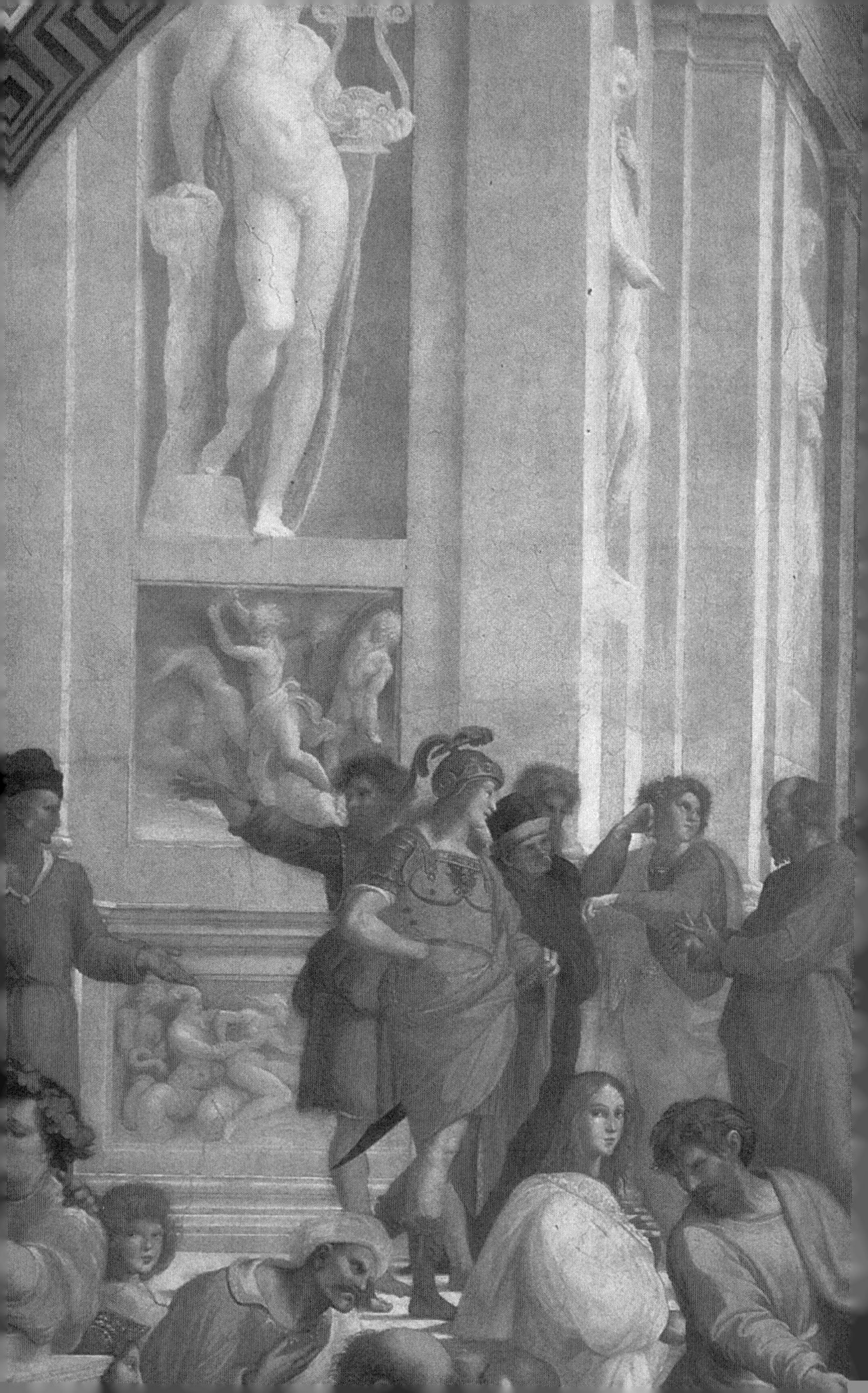

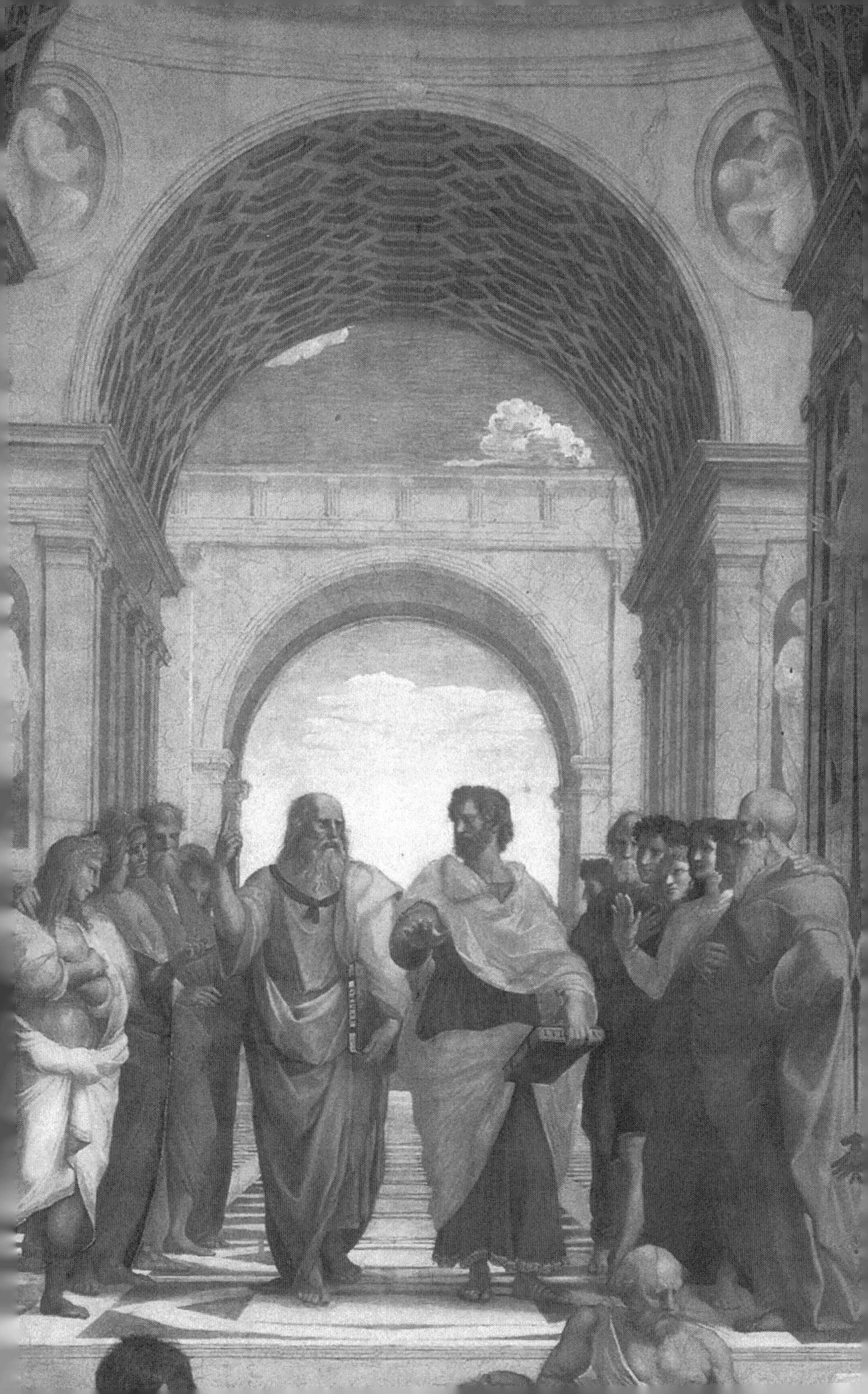

6

*Interpretação e sentido: perspectivas hermenêuticas**

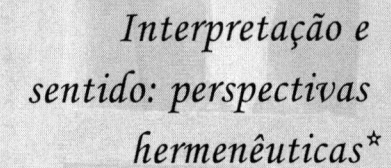

* Este capítulo foi escrito com base nos seguintes livros: *Dialética e hermenêutica: para a crítica da hermenêutica de Gadamer* (1987), *A lógica das ciências sociais* (2009) e *Teoria do agir comunicativo* (2012), de Jürgen Habermas, e *O conflito das interpretações: ensaios de hermenêutica* (1988), *Interpretação e ideologias* (1990), *Tempo e narrativa* (1994) e *A memória, a história, o esquecimento* (2007), de Ricoeur.

A teoria hermenêutica, após a contribuição de Gadamer, alcançou diversas áreas do conhecimento. Deixou o status *de simples teoria de interpretação e exegese de textos e atingiu as formas de vida do ser humano.*

Neste capítulo, não analisaremos todas essas áreas nem todas as perspectivas filosóficas que surgiram no século XX, mas apresentaremos algumas dessas contribuições. Basicamente, dividimos essa explanação em três partes: 1. relação entre a hermenêutica e a literatura; 2. contribuição hermenêutica de Habermas; e 3. teoria hermenêutica de Ricoeur.

Na primeira parte, apresentaremos os pontos de aproximação entre a hermenêutica filosófica e a literatura. Para isso, elegeremos a linguagem como fio condutor de nossa análise. O *dizer*, o *explicar* e o *traduzir* são expressões comuns a essas áreas do saber, portanto explicaremos, ainda que brevemente, cada uma delas. Ressaltaremos a importância do compreender para a descoberta do mundo e do ser humano, tanto na literatura quanto na hermenêutica, bem como do questionamento, isto é, da pergunta, para essas duas áreas do conhecimento.

Na segunda parte, apresentaremos algumas considerações sobre a filosofia hermenêutica de Habermas. A contribuição desse autor para a hermenêutica está, principalmente, na crítica que dirige a Gadamer pelo fato de este não ter incluído em suas análises a autorreflexão e uma crítica mais direcionada à tradição e à autoridade. Em outras palavras, trata-se de uma crítica direcionada à universalidade da hermenêutica.

Na terceira parte, discutiremos sucintamente a contribuição de Ricoeur, autor de uma série de obras relacionadas à hermenêutica e à linguagem. O estudioso desenvolve sua teoria de maneira muito próxima à dos iniciadores contemporâneos da hermenêutica. Contudo, insere como tarefa hermenêutica a compreensão do homem em si mesmo e do mundo. O autor critica amplamente o conceito de *ideologia* e mostra a importância dos símbolos em sua teoria. Desenvolveremos os conceitos de *experiência*, *tempo* e *texto* de maneira superficial, ou seja, apenas indicaremos caminhos para um aprofundamento mais consistente e perspicaz acerca do tema.

6.1
Hermenêutica filosófica nos séculos XX e XXI

No século XX, a hermenêutica alcançou realmente o *status* de disciplina filosófica, isto é, passou a ser discutida como tal depois das análises de Gadamer. Apesar de Heidegger, após a publicação de *Ser e tempo*, ter se tornado fundamental para o desenvolvimento da hermenêutica, convém lembrarmos que o objetivo de sua reflexão filosófica não era propriamente o tema da hermenêutica; ele apenas a usava como um método de interpretação e via a compreensão como um modo de ser do *Dasein*.

Os rumos da hermenêutica nos séculos XX e XXI devem, necessariamente, ser analisados sob a perspectiva de Gadamer, cuja contribuição é tão decisiva e contundente que se estendeu a diversas áreas do conhecimento humano, como artes, direito, linguística e literatura. Como não há espaço suficiente para apresentarmos o estudo hermenêutico em todas essas áreas, privilegiamos a **literatura**.

A relação entre a filosofia e a literatura sempre foi ameaçadora, ou melhor, desafiadora, pois, ao passo que a filosofia deveria se ocupar de um campo sistemático e lógico, a literatura estaria no campo do prazer e da arte. Além disso, enquanto a filosofia deveria abordar assuntos relacionados ao cotidiano do pensamento humano, a literatura serviria, no máximo, para expressá-lo.

No entanto, se fizéssemos uma análise profunda da história, constataríamos que essa relação sempre esteve tão presente que nem poderíamos falar de divisão entre tais disciplinas. Como exemplo, podemos mencionar os filósofos jônicos, os pré-socráticos, ou que viveram próximo a Sócrates, e os pós-socráticos, todos muitos arraigados ao pensamento mitológico. Entretanto, apenas para esclarecer que essa relação não é apenas uma característica da filosofia grega antiga, podemos ainda mencionar Nietzsche, o próprio Heidegger e tantos outros que viam a arte e a literatura como possíveis saídas para um estado de alma tranquilo e puro.

Como não pretendemos apresentar sistematicamente a hermenêutica e a literatura, mas somente indicar possíveis relações entre elas, devemos nos perguntar sobre o fio que conduz ambas as disciplinas. Esse fio pode ser a linguagem, a experiência, a historicidade etc. Contudo, elegemos a primeira por entender que é por meio dela que o ser humano é capaz de compreender as coisas do mundo. Além disso, a linguagem sempre está em torno das discussões filosóficas.

> *Temos que ter uma compreensão do homem para podermos compreender o que ele diz. No entanto, é a partir do seu discurso que chegamos a um conhecimento do homem [...]. Tudo o que se pressupõe em hermenêutica é apenas linguagem e é também só linguagem aquilo que encontramos na hermenêutica; o lugar a que pertencem os outros pressupostos objetivos e subjetivos tem que ser encontrado através (ou a partir) da linguagem.* (Palmer, 1997, p. 98)

Sabemos da importância da linguagem nos assuntos filosóficos e entendemos que é indispensável às discussões literárias. Para desenvolvermos esta seção, vamos dividi-la em três momentos: 1. analisaremos como a linguagem científica influenciou decisivamente a relação entre a filosofia hermenêutica e a literatura, uma vez que seus métodos se concentravam na análise objetiva e racional do objeto; 2. examinaremos como a hermenêutica e a literatura se entrelaçam, graças à análise linguística empreendida em ambas; e 3. apresentaremos alguns procedimentos comuns à filosofia e à literatura.

Quando nos propomos a falar de uma linguagem científica, no fundo, queremos analisar como a filosofia analítica entende a linguagem. De acordo com a passagem bíblica da Torre de Babel, até então, existia apenas uma linguagem – unívoca e universal. Após o século XX, a filosofia, com a chamada *linguistic turn**, procurou exaustivamente, com diversos pensadores, como Frege e Wittgenstein (na primeira fase, em seu *Tractatus Logico-Philosophicus* – TLP), eleger uma linguagem matemática e universal.

Wittgenstein (2008) buscou um tipo de linguagem científica que fosse universal. Para ele, os problemas filosóficos advêm de uma má compreensão da lógica de nossa linguagem. Portanto, com o *TLP*, o autor pretendeu mostrar em quais condições uma linguagem seria logicamente perfeita. A função desta seria exprimir as coisas do mundo. Isso porque somente ela poderia enunciar com precisão a estrutura lógica do mundo. Portanto, era necessária uma linguagem matemática universal, a qual não poderia resultar em imprecisão e ambiguidade. Sendo assim, qualquer pretensão metafísica, externa à estrutura lógica do mundo dizível, deveria ser entendida como contrassenso. Em outras palavras, a arte, a religião, a literatura, o verossímil, a ética etc., por não fazerem parte do mundo, não podiam ser ditas por uma linguagem analítica.

No entanto, com o passar dos anos, Wittgenstein percebeu que a linguagem como atividade de esclarecimento, isto é, descrição lógica do mundo, não era, de fato, possível. Por isso, na segunda fase de seu pensamento, em suas *Investigações filosóficas* (1953), ele continua entendendo a linguagem como uma atividade esclarecedora, mas a descrição linguística do mundo passa a ser efetivada no uso, ou seja, nas atividades cotidianas. A linguagem, então, deixa de ser essencialista e torna-se uma forma de vida.

Graças a essa mudança no pensamento da linguagem, que se manifesta em vários pensadores, assuntos que antes deveriam ser evitados,

---

* Momento em que os filósofos constatam que a linguagem deve ser o objeto central de investigação da filosofia.

como os relativos a um grupo familiar, passam a ser considerados e, portanto, passíveis de interpretação. Isso é importante para nossa discussão, pois, a partir de então, podemos relacionar a hermenêutica à literatura, uma vez que ambas se integram na linguagem. Desse momento em diante, devemos abandonar o caráter quantitativo da linguagem e compreendê-la por um aspecto qualitativo. Em outros termos, é preciso entendê-la como uma forma de vida ou, como diria Gadamer (1997), um *medium* no qual somos constituídos e que nos permite pensar e ser o que somos.

> Ao versarmos sobre a hermenêutica filosófica, nosso intuito não é verificar o método mais apropriado para determinada interpretação, mas tentar mostrar que nossa razão também trabalha e revela nossa experiência pessoal como alguém que está no mundo.

Após essa breve explanação, que possibilitou o conhecimento do projeto científico analítico da linguagem e do modo como ela deve ser superada, passaremos ao segundo momento de nossa análise, em que mostraremos as proximidades entre a linguagem hermenêutica e a literatura.

Ao criticarmos as bases conceituais da linguagem científica, abrimos um horizonte de possibilidades para a associação da literatura à filosofia hermenêutica. O mundo passa a ser tratado como uma cultura conjunta, a qual deve ser compartilhada, em virtude da comunicação cotidiana que mantemos uns com os outros. Na literatura, a hermenêutica deixa de lado o rigor metodológico, que muitos pensadores propunham ao tratar um texto, e busca interpretar e compreender tanto o texto quanto o próprio homem por um caminho mais rico e cheio de detalhes.

Quando a hermenêutica pretende ser metodológica, com vistas a manipular ideias e conceitos para ter um domínio sobre o objeto – para isso, são necessários procedimentos técnicos que excluem a criatividade –, ela se afasta do campo literário e da própria hermenêutica filosófica. Então, ao versarmos sobre a hermenêutica filosófica, nosso intuito não é verificar o método mais apropriado para determinada interpretação, mas tentar mostrar que nossa razão também trabalha e revela nossa experiência pessoal como alguém que está no mundo. Segundo Palmer (1997, p. 151), "Compreender uma obra literária não é uma espécie de conhecimento científico que foge da existência para um mundo de conceitos; é um encontro histórico que apela para a experiência pessoal de quem está no mundo".

Para mostrarmos onde há, de fato, ligação entre a hermenêutica e a literatura, usaremos três termos comuns a ambas: *dizer*, *explicar* e *traduzir*. Nesta seção, devemos lançar mão de certos procedimentos filosóficos rigorosos e perceber que tal aproximação está diretamente ligada à criatividade e à nossa experiência de vida.

Assim como na hermenêutica, o dizer, na literatura, é um campo que pretende explorar uma série de questionamentos existenciais, como quem somos nós, o que podemos esperar e o que devemos fazer. Tanto a hermenêutica quanto a literatura tendem a desobscurecer aspectos distantes e imprecisos que nos causam estranheza quando tentamos interpretar ou compreender algo.

O *dizer* – ligado ao caráter oral da linguagem – surge na história literária e hermenêutica como algo que podemos exprimir e afirmar. Cabe destacarmos que a filosofia nasce na linguagem oral. Sócrates, por exemplo, usava apenas a oralidade para expressar suas ideias, e Platão, em alguns cursos, usava somente a dimensão oral para filosofar, pois acreditava que certos temas eram muito sutis e complexos para a linguagem escrita. Isso também aconteceu com a literatura, ou seja, muitas obras surgiram primeiramente na linguagem oral. Vários literários se dedicaram ao "transcrever e recriar a linguagem oral dos grandes mitos e lendas populares" (Rohden, 2008, p. 196). A força do dizer que se manifesta na literatura e na hermenêutica deve supor sempre uma relação dinâmica com o real, isto é, articular a linguagem escrita com a falada.

O segundo termo comum entre a hermenêutica e a literatura é *explicar*. Devemos, primeiramente, pressupor que ele tem uma relação com o dizer, uma vez que quer exprimir algo. Quando explicamos algo, unimos o horizonte interpretativo do texto com nosso horizonte de compreensão, isto é, levamos em consideração nossos preconceitos e nossas intenções para com o texto. De acordo com Rohden (2008, p. 197), "tanto a hermenêutica como a literatura se propõem a explicar, linguisticamente, os anseios e as angústias que movem a humanidade". Portanto, explicar algo é tarefa tanto da hermenêutica quanto da literatura, uma vez que ambas buscam clarificar seus objetos de análise.

Outro termo que merece destaque é *traduzir*. Devemos partir da evidência de que a tradução de um texto não é algo mecânico e automático, pois implica levar em consideração o horizonte do próprio texto e o horizonte pessoal do intérprete. Em outras palavras, a tradução, por um lado, deve considerar os aspectos gramaticais e históricos do texto e, por outro, indicar o sentido que ele busca revelar. Estamos, então, diante de uma atividade dinâmica. Tanto a literatura quanto a hermenêutica devem usar a tradução segundo uma lógica triádica, ou seja, da polaridade intérprete-texto deve emergir um novo significado, uma nova ideia.

> A tradução, por um lado, deve considerar os aspectos gramaticais e históricos do texto e, por outro, indicar o sentido que ele busca revelar. Estamos, então, diante de uma atividade dinâmica.

O ato da compreensão fortalece ainda mais os laços entre a hermenêutica e a literatura, sobretudo quando analisado sob uma perspectiva filosófica, ou seja, fora dos patamares científicos e analíticos. A compreensão deve funcionar como uma forma de lermos e escrevermos nós mesmos e o mundo, ou seja, ao questionarmos todas as coisas do mundo, podemos, graças à linguagem, compreender melhor quem somos e indagar sobre nossa constituição.

De acordo com Ricoeur (citado por Rohden, 2008, p. 199), "pela ficção, pela poesia, abrem-se novas possibilidades de ser-no-mundo, na realidade cotidiana; ficção e poesia visam o ser, já não sob a modalidade do ser-dado, mas sob a modalidade do poder-ser". O caráter imaginativo que construímos por meio da linguagem nos permite criar novas formas de pensar e agir. A ficção, muitas vezes, recria nossas ações e nossa concepção de mundo, seja em um âmbito hermenêutico filosófico, seja na literatura. Quando tentamos compreender nossa realidade, criamos certas representações fictícias que se assemelham ao campo prático.

Quando recriamos nossa realidade, estamos representando, ou seja, pela linguagem fictícia, superamos nossa realidade atual por meio de uma possibilidade que ainda está por vir. Assim como fazemos durante uma leitura, "transportamo-nos" para outros contextos, outras realidades. Junto à imaginação, que funciona como uma atividade criadora da ficção, devemos considerar que uma obra literária, para se efetivar – até mesmo como um clássico –, deve ultrapassar sua condição psicossociológica. Em outros termos, a obra, seja um texto, seja uma arte, deve transcender seu contexto e abrir-se a novas possibilidades de leitura e interpretação, atingindo, assim, outros contextos sociais, econômicos e históricos.

Nessa explanação, o compreender assemelha-se muito à concepção gadameriana sobre o acordo. *Compreender* não significa aceitar o que o outro pensa e diz, mas ponderar o que ele pensa. O escrever é determinante para o processo de compreensão, pois, por meio dele, compreendemo-nos e compreendemos o mundo. O mesmo vale para a leitura de um texto, por meio da qual fazemos uma experiência dele e descobrimos nossas intenções. "Ler, isto é, compreender, significa, primariamente, saber se ater sobre 'a coisa', e só secundariamente isolar e compreender a opinião do outro como tal" (Rohden, 2008, p. 202).

Lemos para compreender as coisas como elas são. Para isso, baseamo-nos no que diz a tradição e também em nossos preconceitos. Quando tentamos compreender um texto, seja literário, seja filosófico, deparamo-nos com o mundo da obra. A partir disso, tentamos descobrir, revelar e desenvolver aquilo que ela tem a nos dizer. Ler uma obra, do ponto de vista literário e hermenêutico, jamais poderá ser uma atividade mecânica e instrumental. Afinal, precisamos criar, por meio da imaginação, um mundo fictício que nos transporte para a realidade da obra, o que fará com que nossa interpretação seja mais coerente e autêntica.

Chegamos ao terceiro momento de nossa análise, o qual se refere às possíveis relações entre a hermenêutica e a literatura. Esse momento está ligado ao anterior, isto é, falar de procedimentos comuns entre essas disciplinas significa considerar os caminhos que nos levam à compreensão de uma obra.

A distância temporal entre a obra e o intérprete é fundamental para o surgimento de algo criativo. Por isso, o discurso escrito determina uma experiência linguística, e o ato de ler significa reinterpretar uma língua. O método utilizado tanto pela literatura quanto pela hermenêutica é o circular, isto é, do todo partimos à análise das partes e destas retornarmos ao todo. Nesse processo, procuramos evidenciar sempre uma unidade de sentido que empregamos ao texto, a qual nos é revelada quando entramos em diálogo com este.

Todavia, para que esse movimento circular de interpretação não seja um processo vicioso, devemos entender que, ao ler um texto, precisamos relacionar nossas intenções com as nele apresentadas. Portanto, devemos considerar o que o outro (nesse caso, um texto ou um interlocutor) tem a dizer. Em outras palavras, devemos acolher a alteridade do outro, mas, para isso, não podemos anular nossas concepções, e sim adequá-las, da melhor forma, às exigências do texto. Por esse motivo, dizemos que o movimento circular é um procedimento produtivo tanto para a literatura quanto para a hermenêutica, pois, com ele, nos abrimos ao que o outro tem a dizer e, à medida que verificamos a insuficiência de nossos preconceitos, os substituímos por outros mais adequados e eficazes para a compreensão do texto em si. Dessa forma, devemos sempre tratar nossos preconceitos como condições de possibilidade da compreensão que nos permitem ler ou escrever algo.

Toda interpretação de uma obra pressupõe analisá-la no contexto histórico em que foi escrita. Devemos percebê-la como pertencente à história, mas, para isso, precisamos fazer com que ela interaja com nosso horizonte contextual. O procedimento que sela nossa discussão e nos permite compreender, tanto pelo viés literário quanto pelo hermenêutico, é o perguntar. A pergunta se efetiva como uma reflexão autêntica que nos permite relacionar a hermenêutica à literatura.

> Conforme Heidegger (2005), a determinação da essência humana é a pergunta; o ser do homem se efetiva historicamente quando ele é capaz de interrogar-se sobre sua constituição, sobre seu eu.

Se a leitura de certo texto filosófico ou literário não provoca nenhuma dúvida enquanto o lemos, podemos afirmar que ele não é bom. O processo de conhecimento se efetiva não quando somos capazes de responder aos questionamentos, mas quando sabemos produzir perguntas profundas e fecundas. Conforme Heidegger (2005), a determinação da essência humana é a pergunta; o ser do homem se efetiva historicamente quando ele é capaz de interrogar-se sobre sua constituição, sobre seu eu. "Perguntar é uma forma de ampliar nossos horizontes e discernir sobre nosso modo de pensar e de agir, o que se realiza enquanto linguagem" (Rohden, 2008, p. 209).

Percebemos como a linguagem é essencial para a literatura e a hermenêutica, pois, por meio dela, podemos fazer diversos questionamentos: quem somos, aonde vamos, o que nos constitui, o que nos forma, entre outros. Procuramos responder a todas essas questões ao longo da história, mas elas são continuamente transformadas em novas perguntas. Assim, tanto para a filosofia quanto para a literatura, compreender é sempre formular novas perguntas.

6.2
Hermenêutica de Habermas

Comentamos que a hermenêutica filosófica nos séculos XX e XXI se estende a diversas áreas do conhecimento e evidenciamos a relação dela com a literatura. Nesta seção, retomaremos as análises propriamente filosóficas sobre o tema e, para isso, abordaremos certos aspectos hermenêuticos em Habermas.

Podemos considerar Habermas um dos herdeiros da Escola de Frankfurt, na Alemanha, não simplesmente por ser discípulo de Adorno e Horkheimer*, mas por tentar reabilitar o caráter libertário e emancipatório da razão. Para isso, no entanto, ele modifica o conceito de *razão instrumental* para o de *razão comunicativa*, que, desde então, se centra no sujeito em si e tenta revelar os fins da razão. Essa razão, por ser de cunho discursivo e linguístico, além da relação entre o homem e

---

* A Escola de Frankfurt surgiu do Instituto de Pesquisa Social, fundado no início da década de 1920. Tal escola se caracterizou como um centro de elaboração e propagação da teoria crítica da sociedade. Com raízes socialistas e materialistas, seu principal objetivo era a pesquisa da sociedade como um todo, em suas relações econômicas, culturais e psicológicas. A teoria crítica, proposta por ela, pretendia fazer emergir as contradições presentes na sociedade capitalista e buscava uma sociedade sem exploração. Adorno e Horkheimer são mentores desse ideal.

a natureza (mundo), tem como principal característica a linguagem, que funciona como uma mediação entre o mundo e o ser humano. Mas onde se desenvolve uma teoria hermenêutica no pensamento de Habermas? Assim como Heidegger e Gadamer, Habermas não concordava com o caráter autocompreensivo objetivista que a hermenêutica metodológica postulava. Ele acreditava que o processo de compreensão se iniciava em estruturas prévias marcadas pelo caráter histórico da tradição.

A novidade no pensamento habermasiano está na inclusão da compreensão autorreflexiva. Habermas não concordava com o fato de Gadamer não incluir a autorreflexão e o julgamento (crítica) em sua teoria hermenêutica, o que, de certa forma, fez com que aquele rejeitasse a universalidade da hermenêutica.

Para Habermas, por meio da compreensão autorreflexiva, o intérprete, ao se distanciar do objeto de análise, deveria afastar-se também do método das ciências naturais. Por não haver uma crítica contundente ao método científico, corremos o risco de relativizar a hermenêutica. Ele aceita a proposta de Gadamer de que estamos inseridos em uma tradição com nossos preconceitos e, por isso, não existe a possibilidade de uma compreensão objetiva, visto que somos formados na tradição em que vivemos. Entretanto, é errado não considerarmos a reflexão que se desenvolve no processo compreensivo, a qual, de acordo com Habermas, também está presente na tradição. Porém, se reconstruíssemos a reflexão na tradição, poderíamos entender como um preconceito foi, de fato, aceito pela comunidade. Assim, o processo de autorreflexão poderia fazer o intérprete renunciar aos preconceitos ilegítimos e criticar a própria tradição que os consolidou.

Habermas também critica a posição de Gadamer no que se refere à autoridade da tradição. Segundo este filósofo, o reconhecimento da autoridade ocorre graças ao uso da razão. Porém, Habermas discorda dessa visão, principalmente, no que diz respeito à educação. Para ele, reconhecemos a autoridade na educação não apenas pelo uso que se faz da razão, mas, sobretudo, pelo medo de punições, caso não concordemos com algo. Então, quando um preconceito é efetivado pela tradição e instaurado pela autoridade, e não pelo uso da razão, devemos questionar sua validade e, até mesmo, criticá-lo. O papel da reflexão é, dessa forma, reavaliar o preconceito herdado pela tradição do intérprete, tornando-o transparente. Portanto, o caráter absoluto da autoridade da tradição nega a possibilidade de reflexão desse indivíduo.

> Para Habermas, o que pode nos livrar tanto dos preconceitos ilegítimos como da dominação é o uso da razão.

Em sua reflexão sobre a teoria da interpretação, Habermas assegura que não podemos escapar do dispositivo da linguagem. Esse é, para o autor, o horizonte no qual estamos, inegavelmente, imersos. Nesse sentido, ele afirma que "a linguagem também é um meio de dominação e poder social; ela serve para legitimar relações de forma organizada" (DH, p. 239)*. A linguagem não é apenas um instrumento de mediação entre os sujeitos que interpretam o presente na consciência da história efeitual; ela está dentro da tradição e influencia decisivamente os modos de produção, as relações de poder e os movimentos sociais, econômicos e políticos, ou seja, manipula nosso meio social e interage constantemente com ele. Transpondo essa questão da linguagem, a tradição também é moldada por situações econômicas e políticas que levam à dominação e ao poder. Essas situações podem ser

---

*   Neste capítulo, usaremos as siglas convencionais para nos referirmos às obras de Habermas (DH para *Dialética e hermenêutica: para a crítica da hermenêutica de Gadamer*), Gadamer (VM II para *Verdade e método II*) e Ricoeur (II para *Interpretação e ideologias*). Para as obras de comentadores, será usada a citação convencional, com autor, data e página.

encaradas pela reflexão por meio do uso da linguagem e, assim, podemos descobrir seus efeitos ao longo da história.

Ao analisarmos a tradição por meio da linguagem, podemos criticar as estruturas que herdamos de nossos antepassados. Habermas acreditava que o projeto iluminista poderia contribuir para a tarefa hermenêutica, pois, pela tradição, devemos enxergar contextos de manipulação e dominação. Na tradição, não existem apenas preconceitos legítimos, ou verdades indiscutíveis, na medida em que ela pode transmitir também inverdades, ou preconceitos ilegítimos. Para Habermas, o que pode nos livrar tanto dos preconceitos ilegítimos como da dominação é o uso da razão. Por exemplo: no sistema capitalista, podemos questionar se o estatuto de dominação e poder, imposto pelo poder econômico, não passa de uma ideologia de mercado que visa ao benefício de determinado grupo de pessoas. Antes de ser unicamente uma crítica dirigida a Gadamer, parece-nos que Habermas quer transformar a tarefa hermenêutica em uma crítica autorreflexiva em todos os âmbitos sociais, e não apenas naqueles ligados à compreensão de um texto.

Gadamer critica a posição de Habermas sobre a universalidade da hermenêutica. Para aquele autor, a experiência hermenêutica é anterior a qualquer procedimento metodológico, pois nela estão contidas questões que, posteriormente, serão direcionadas à ciência. Ainda de acordo com Gadamer, nossos preconceitos são anteriores à reflexão, uma vez que neles estão contidos os questionamentos que nos direcionam à compreensão. Por exemplo: o operário, às vezes, não percebe o caráter ideológico presente no sistema capitalista porque está preso aos preconceitos herdados, que não colocam tal caráter como questionamento; entretanto, não podemos dizer o mesmo do trabalhador revolucionário, que tem em seus preconceitos herdados pela tradição o questionamento direto ao sistema. Portanto, é nossa tradição herdada que faz os questionamentos necessários, antes mesmo de qualquer processo reflexivo.

Gadamer ainda chama a atenção para outro problema que podemos criar se efetivarmos a emancipação da reflexão. Podemos usar como exemplo um diálogo entre o médico e o paciente. Se pressupormos uma superioridade de conhecimento e autoridade do médico em relação ao paciente, não haverá um diálogo hermenêutico legítimo, uma vez que este presume uma igualdade entre os interlocutores. Aqui está o problema para Gadamer, pois, se transpusermos essa emancipação da reflexão para toda a sociedade, sempre teremos de pressupor, antes do diálogo, quem é superior, isto é, quem detém o conhecimento sobre o paciente, ou seja, aquele com menos conhecimento. Devemos ter claro que a tarefa da hermenêutica para Gadamer é separar os conceitos ilegítimos dos legítimos. Contudo, Habermas, por creditar muita confiança à reflexão e à razão, afirma que a historicidade, estando ligada à tradição, limita a compreensão humana. Já para Gadamer, ela engrandece nossa compreensão e a torna possível.

Outro embate entre Gadamer e Habermas diz respeito à concepção habermasiana de que a hermenêutica gadameriana ignora assuntos sociais e políticos. Segundo Gadamer, tudo o que pode ser compreendido pela linguagem é tarefa hermenêutica: "é absurdo encarar os fatores concretos do trabalho e da política como fora do alcance da hermenêutica" (VM II, p. 288). Esse autor também tece uma crítica à ideia de que a autoridade sempre está errada. Para ele, uma autoridade deve ser legitimada somente se estiver baseada no reconhecimento e na aceitação, pois qualquer outra forma de uso do poder não implica respeito, mas medo de sanção e de punição. A autoridade que Gadamer propõe está enraizada no procedimento hermenêutico. Embora não seja a única forma desse processo, ela nos dá, na maioria das vezes, preconceitos legítimos, mas somente será comprovada se, em dado texto, o procedimento for, de fato, legitimado após o trabalho do intérprete.

Habermas mostra que existe uma aproximação entre a hermenêutica e as ciências sociais e enfatiza sua importância para combater aquilo que Gadamer postula como *universalidade hermenêutica*. Para isso, elencamos quatro pontos fundamentais:

1. A hermenêutica destrói uma autocompreensão objetivista das ciências sociais positivistas. A objetividade não pode prescindir de um contexto da história efeitual nem podemos pensá-la com base em estruturas prévias da compreensão.

2. "Ela [a hermenêutica] lembra o cientista da 'pré-estruturação simbólica do objeto das ciências sociais'" (Schmidt, 2014, p. 207). A consciência hermenêutica faz com que os dados científicos das ciências sejam alcançados não mais por meio de um rigor metodológico e técnico, mas pelo uso da linguagem.

3. A hermenêutica corrige a "autocompreensão cientística nas ciências naturais" (DH, p. 250); entretanto, existem ressalvas com relação à sua metodologia.

4. A hermenêutica torna-se necessária para as ciências naturais, pois traduz seus resultados para uma linguagem mais compreensível ao mundo social.

Diante desses pontos, Habermas busca encontrar uma forma de refutar a universalidade hermenêutica e, para isso, utiliza três proposições filosóficas relacionadas à linguagem:

1. Na primeira, ele toma como base Piaget, influente pensador do século XX no campo da psicologia. Com contribuições significativas para a educação, Piaget voltou-se principalmente ao processo de ensino e aprendizagem das crianças, pois, para ele, as raízes não linguísticas estão no pensamento operativo. Desse modo, se, no pensamento operativo, existem estruturas pré-linguísticas, então a hermenêutica encontra sua limitação nas linguagens das ciências.

2. A segunda proposição diz respeito às ditas *linguagens gerativas*, isto é, a uma teoria geral das linguagens naturais.
3. A terceira refere-se à compreensão na psicanálise e à crítica à ideologia dos fenômenos coletivos (Schmidt, 2014).

Habermas acredita que certos problemas patológicos ligados à fala podem ser ignorados pela hermenêutica, pois a pessoa que tem tais problemas cognitivos, muitas vezes, não se dá conta do que diz e, portanto, não sabe o significado real daquilo que fala. É o que Freud chama de *comunicação distorcida*. Para contornar esse quadro, poderíamos contar com a ajuda de um terapeuta. O que nos interessa mostrar é que esse profissional precisaria retornar ao estágio paleossimbólico, responsável pela coordenação e pela formação dos símbolos utilizados pela linguagem. Logo, a hermenêutica não seria universal, porque cada indivíduo tem um estágio paleossimbólico diferente e usa o processo formativo de maneira individual. Por isso, Habermas rejeita a tradição e a autoridade, pois, se o paciente, graças ao uso da psicanálise, pode resolver problemas relacionados à linguagem e dissolvê-los, tomando consciência deles, então, no mundo social, ele também é capaz de solucionar seus problemas sem a interferência do outro.

Entretanto, Gadamer vai contra essa posição habermasiana, que abrange a justificativa contra a universalização na psicanálise, pois, para ele, o mal-entendido, ou a comunicação distorcida, é causado pela própria tradição. Em outras palavras, se houve mal-entendidos, estes foram causados por maus acordos. Enquanto Habermas vê a hermenêutica como um método aplicável às ciências sociais, Gadamer a compreende como uma experiência anterior a qualquer método.

Habermas novamente se posiciona contra a autoridade da tradição, afirmando que ela só teria legitimidade se aquilo que fosse acordado estivesse livre do uso da força. Entretanto, para a autoridade se afirmar, ou ela recorre à razão iluminista, que a torna superior a outros indivíduos, ou se estabelece por meio do uso de força. Percebam que Gadamer se encontra em um dilema, mas, ainda assim, ele responde às críticas. Retornando à universalidade da hermenêutica, o autor afirma que ela não é simplesmente uma interpretação de textos, mas está inclusa em todas as atividades sociais; portanto, nenhuma atividade do mundo fica fora da discussão hermenêutica. Contrariando a teoria psicanalítica, Schmidt (2014, p. 210) esclarece que, "apesar de algumas experiências poderem ser não linguísticas, a compreensão, comunicação e discussão destas experiências são linguísticas".

Gadamer ainda menciona que uma reflexão hermenêutica pode ser crítica quando expuser nossos preconceitos ilegítimos que estiverem amparados em uma ideologia. Quando os preconceitos estão em conflito, é porque o processo compreensivo interpretativo os está questionando. Assim, tal processo pode corrigir e recuperar preconceitos legítimos. Ao contrário do que Habermas acredita, a tarefa da hermenêutica é expor e questionar os preconceitos dos interlocutores, mas sem colocar a reflexão acima da discussão e do diálogo.

Habermas afirma que podemos compreender um texto quando o intérprete é capaz de reconstruir certos aspectos (racionais) que levaram o autor a escrevê-lo. Quando o intérprete percebe a intenção do autor e passa a interagir com ela, a interpretação se torna uma atividade comunicativa; por outro lado, quando não leva em consideração a posição do autor, o intérprete não respeita o diálogo como deveria e, dificilmente, consegue uma interpretação correta daquilo que busca interpretar. De acordo com Schmidt (2014, p. 212), "o intérprete precisa pressupor a

> A tarefa da hermenêutica é expor e questionar os preconceitos dos interlocutores, mas sem colocar a reflexão acima da discussão e do diálogo.

atitude performativa de um ator comunicativo mesmo na interpretação de um texto".

Para Habermas, a compreensão hermenêutica é capaz de revelar um pré-dado no pensamento, isto é, após uma análise compreensiva, o preconceito deixa seu caráter universal, pois podemos substituí-lo por um método que ele chama de *profundidade hermenêutica*. Cabe lembrarmos que, para Gadamer, o preconceito é o caráter universal do processo de compreensão, mesmo após a interpretação de um texto.

Segundo Habermas, no processo de interpretação, existem regras que precisam ser seguidas quando pretendemos compreender algo. Em outras palavras, há regras no mundo social que nós praticamos mesmo sem conhecer, isto é, nos diversos sistemas sociais, existem regulamentações e controles que temos de seguir, independentemente de nossa vontade.

Em uma interpretação hermenêutica, a fala (linguagem) poderia ser o regulador desse campo social. Porém, como em um diálogo nem sempre chegamos a um consenso, tal princípio de regulação não é unânime, pois existe a possibilidade de dissenso. Então, podemos concluir que falta à teoria hermenêutica gadameriana a possibilidade de crítica a nível social, uma vez que o diálogo nem sempre conduz a um acordo e a uma verdade.

Nessa breve explanação, enfatizamos que a principal diferença entre Habermas e Gadamer consiste na crítica daquele ao não uso da razão como fonte de legitimação dos preconceitos deste. Por isso, vimos que a crítica se estende à tradição e à autoridade e, também, que outra crítica se refere à universalidade hermenêutica, já que Habermas nega esse tipo de pensamento. Entretanto, Gadamer (1997) apoia-se nela, afirmando que todas as nossas experiências são hermenêuticas e fundamentadas pela linguagem.

A discussão entre esses pensadores é ampla, mas mostramos apenas alguns pontos de divergência. Cabe frisarmos que, apesar de existirem críticas à hermenêutica ligadas à filosofia de Gadamer, em certo sentido, não podemos fugir de seus pressupostos. A partir de então, sempre que falarmos de hermenêutica, direta ou indiretamente, teremos de recorrer à sua análise.

6.3
Hermenêutica de Ricoeur

A *hermenêutica de* Ricoeur busca elementos na filosofia de Habermas, e Gadamer, consequentemente, está em suas reflexões. A hermenêutica é uma questão central na filosofia de Ricoeur, a qual, para ele, não existe sem mediação. Para que possamos compreender e interpretar, a mediação é essencial. O autor busca um diálogo constante entre as diversas áreas da filosofia – existencialismo, fenomenologia, semiótica, linguagem, entre outras –, e a questão hermenêutica deve mediar todas elas; por isso, o diálogo tem de ser aberto, crítico e atento.

Para entendermos a hermenêutica de Ricoeur, precisamos buscar o que é dito, a fim de compreendermos melhor um texto ou qualquer outra coisa. Quando entendemos o que é dito, compreendemos melhor quem somos, ou seja, sabemos que estamos vivos e somos constantemente atingidos pelo tempo. Para não nos tornarmos seres inertes, precisamos viver no e para o mundo, em contato com os outros, e interagir com ele. Desse modo, nossa existência será mais bem compreendida.

Na obra de Ricoeur, existe uma preocupação antropológica que tenta constantemente responder às questões sobre *quem somos* e *quem sou* na história do pensamento ocidental. Além de uma preocupação com a interpretação e a compreensão de textos, símbolos, signos etc., existe, sobretudo, uma preocupação com o ser humano. Sendo assim, podemos afirmar uma antropologia hermenêutica na filosofia de Ricoeur, uma vez que devemos entender o homem em seus padrões culturais e históricos. Portanto, toda filosofia é hermenêutica, na medida em que tenta revelar as questões fundamentais da existência humana.

Ricoeur chama a hermenêutica de *via longa*, pois quer levar a reflexão até o nível ontológico. Para isso, a reflexão, que se inicia na linguagem e mantém mediações com as ciências humanas, deve passar por diversas áreas do conhecimento. Ela surge na linguagem porque é por meio desta que toda a compreensão ontológica se manifesta. O fato de não haver compreensão sem mediação coloca em xeque a pretensão moderna de que o conhecimento é algo em si, manifestado previamente no *cogito*. Nessa nova proposta de Ricoeur, o ser humano deve buscar a compreensão por meio de um jogo contínuo de interpretação e mediação. Por isso, compreender é afirmar e conhecer nossa existência.

De acordo com Ricoeur, a narrativa é o melhor meio para nos conhecermos e, por meio dela, encontramos nossa identidade e reconhecemos a alteridade do outro. A existência, por ser algo paradoxal e trágico, só pode ser compreendida pela interpretação e pela apropriação dos sentidos que são revelados pela própria interpretação. O ser humano – marcado por uma linguagem, uma história, uma tradição – situa-se em um tempo graças às interpretações e aos conflitos que ocorrem em um texto ou uma narração, por meio de símbolos e signos. *Interpretar* é estar aberto a possibilidades de sentido, a novos mundos, a novas ideias. Embora possa ser algo conflituoso e divergente, é um ato sempre válido.

Assim como Heidegger e Gadamer, Ricoeur parte da fenomenologia para chegar à hermenêutica, afirmando que esta é uma tarefa fenomenológica. Contudo, não se trata de uma fenomenologia como a que Husserl pretendia alcançar, com o caráter absoluto das coisas em si, mas sim de entender a compreensão como um ato de mediação da interpretação. Essa mediação interpretativa nos coloca no mundo como pertencentes a ele, e não no início ou em um ponto de partida absoluto. Sendo assim, a compreensão de algo é sempre mediada por uma interpretação, ou seja, quando estamos em um diálogo e não entendemos corretamente o que o outro quer evidenciar, logo lhe pedimos uma explicação. Uma explicação, então, é um meio de mediar (compreender melhor) um discurso, uma conversa ou um texto.

Quanto à questão do saber absoluto, Ricoeur se aproxima de Gadamer, pois acredita que, para um texto, a quantidade de interpretações possíveis é infinita. O potencial de um texto não se esgota com uma análise isolada nem com algumas análises, pelo contrário, essa potencialidade interpretativa está sempre aberta.

> *Interpretar* é estar aberto a possibilidades de sentido, a novos mundos, a novas ideias. Embora possa ser algo conflituoso e divergente, é um ato sempre válido.

Em suas obras, Ricoeur desenvolve uma crítica com relação às ideologias e percebe a distância temporal como um importante mecanismo para tal reflexão. Entretanto, essa crítica não é uma reflexão total acerca das ideologias, uma vez que o sujeito está sempre envolvido em questões culturais e históricas.

O conceito de *história efeitual*, proposto por Gadamer, ajuda-nos a compreender esse aspecto da crítica de Ricoeur, pois, assim, entendemos que estamos em uma consciência histórica e somos marcados pela tradição. A crítica, de certo modo, dirige-se também à filosofia do sujeito, tão difundida entre os pensadores idealistas. Aplicando tal concepção na teoria hermenêutica, quando o intérprete pretende chegar ao momento subjetivo do autor que escreve, como propunham Schleiermacher e Dilthey, notamos que isso não passa de uma tentativa de se chegar à subjetividade presa, a uma filosofia idealista, na qual o sujeito é sempre o destaque. Na hermenêutica, ao se examinar um texto, o objetivo é explicitar o mundo que se abre e se desvela por meio de uma análise profunda e concisa.

Como mencionamos anteriormente, compreender algo é compreender a si mesmo, o que acontece graças à mediação que realizamos com o mundo, o outro, a vida e o ser. Portanto, a crítica de Ricoeur com relação ao sujeito e à sua consciência é que eles não são a condição *a priori* da compreensão, o critério único da interpretação. O filósofo vê na reflexão algo que transcende a consciência e o sujeito; contudo, não se trata de uma reflexão abstrata, mas concreta. Surge, então, a importância dos signos para a compreensão de si.

Os signos para Ricoeur são os símbolos por meio dos quais as coisas do mundo são mediadas. Eles têm duplo ou vários sentidos e intencionalidades, pois aquilo que achamos ser o significado original sempre nos remete a um novo significado, isto é, há algo obscuro na interpretação que se revela quando a analisamos novamente.

Assim como na hermenêutica, para compreendermos um símbolo, precisamos trabalhar arduamente no processo interpretativo, pois seus significados, como em um texto, podem tomar diferentes rumos, sob diversas perspectivas. Sempre há uma relação de sentido que remete a outro sentido, e assim por diante.

> *É o símbolo que exprime nossa experiência fundamental e nossa situação no ser. É ele que nos reintroduz no estado nascente da linguagem. O ser se dá ao homem mediante as sequências simbólicas, de tal forma que toda visão do ser, toda experiência, como relação ao ser, já é uma hermenêutica. O que importa, no final de contas, é que o homem não se contente com sua linguagem primária e espontânea para exprimir toda a sua experiência.* (II, p. 3)

De acordo com Ricoeur, o símbolo é o auge da reflexão e, sem ele, não haveria discurso nem diálogo. Em virtude dos símbolos, a reflexão pode tomar diversos caminhos de interpretação e, com ela, movemo-nos constantemente por diferentes significados. Justifica-se, assim, o caminho por via longa que Ricoeur utiliza, ou seja, no processo interpretativo, o intérprete deve dar contornos e desviar constantemente da interpretação preestabelecida, evitando as compreensões imediatas em si.

Para finalizarmos este capítulo, apresentaremos alguns conceitos essenciais para compreender a hermenêutica de Ricoeur: experiência, tempo e texto.

O conceito de **experiência** não se reduz ao empirismo, ao positivismo ou à subjetividade, tendo sentido amplificado na concepção desse filósofo. Costumeiramente, na tradição filosófica, esse conceito está limitado ao caráter sensível das coisas, ou seja, ligado à cientificidade e à objetividade das ciências; nunca se levou em conta a experiência em uma perspectiva histórica. Para Ricoeur, a experiência não é algo fechado e acabado, restrito às ciências naturais, pelo contrário, não podemos abarcar completamente tal tema e sistematizá-lo.

O mundo nos é mostrado, manifestado e revelado por meio da experiência. Esta é temporal e histórica, ou seja, acontece no presente. É algo concreto, vivido, intensivo, pois, a partir dela, nos abrimos ao novo e ao inédito. Quando rompemos com a ideia de que a experiência é apenas algo presente e disponível às ciências naturais e alargamos seu sentido, ela torna-se pressuposto de compreensão para a filosofia contemporânea. Segundo Ricoeur, esse alargamento do conceito é fundamental para a hermenêutica, uma vez que o sentido se revela por meio da experiência. Escolher o sentido por meio desta tornou-se o pressuposto fenomenológico da interpretação, isto é, de toda a hermenêutica.

O segundo conceito a ser analisado é o de ***tempo***. Esse é um dos temas que mais perturbam o cenário filosófico, pois sempre debatemos o que é o passado, o presente e o futuro, mas parece que nunca chegamos a um acordo definitivo ou, ao menos, convincente. O passado não existe mais e o futuro ainda está por vir, portanto também não existe; o que nos resta é o presente, mas, a cada momento que passa, ele também se torna passado. Então, o que é o tempo? Para Ricoeur, existe um tempo histórico e um tempo literário. O ato de narrar algo não é apenas uma manifestação histórica; o contar é um ato do tempo, que fala, essencialmente, de quem faz (cria) a história.

Ricoeur analisa como esses dois termos influenciam a natureza temporal da experiência humana, a identidade estrutural de uma narrativa e a exigência de verdade em uma narração. A interpretação é essencial para manter a tradição em que vivemos e, quando não é renovada, a tendência é que essa tradição morra. Revela-se, assim, a essencialidade do caráter temporal da interpretação.

> O ato de narrar algo não é apenas uma manifestação histórica; o contar é um ato do tempo, que fala, essencialmente, de quem faz (cria) a história.

O terceiro conceito é o de ***texto***. Nossa tradição, filosófica ou não, utiliza a escrita com o fim de preservar e difundir melhor as ideias de pensadores, escritores etc. O texto é um elemento essencial de nossa tradição e, por isso, tem importância fundamental na análise hermenêutica. Ricoeur, a fim de compreender o que é um texto, busca uma relação entre este, a palavra e o discurso oral. O texto sempre faz apelo à leitura. Enquanto o intérprete é o interlocutor, o texto é a locução e o locutor ao mesmo tempo.

O texto é autônomo, ou seja, independente do autor, pois fala por si mesmo, estando aberto a novas possibilidades de interpretação e a quem quiser lê-lo. É importante destacarmos que a subjetividade daquele que o escreveu não deve ser levada em consideração, porque o autor não se faz presente.

Para Ricoeur, o texto, em um primeiro momento, não representa a relação dialógica entre autor-leitor ou livro-leitor. O autor inicia uma discussão no campo da linguagem: trata-se da distinção entre língua e discurso. Este último é entendido como uma atualização da língua, e aquela, como uma estrutura de sinais que podem ser combinados. Somente há sentido e significação no discurso quando uma frase diz algo sobre algo. Temos aqui a função ontológica da linguagem, que se torna o *medium* entre o mundo e o sujeito que interpreta. Por meio da linguagem, podemos mostrar o mundo.

É pelo contexto em que o discurso acontece que as frases e, consequentemente, as palavras ganham sentido. No decorrer do texto – o objeto fundamental da hermenêutica –, conseguimos entender o significado dos termos. Ou seja, a sequência longa de palavras e frases, em seu conjunto, constitui o texto e, assim, passa a ter sentido e significação.

Tornamos a dizer que, no texto, o mundo nos é apresentado e revelado. Por meio dele, abre-se um horizonte de possibilidades de interpretações. A hermenêutica efetiva-se tentando comunicar sempre algo novo, isto é, ela busca sentidos novos para o texto, e não comunicar apenas interpretações já dadas e estabelecidas por outros intérpretes.

Síntese

Ressaltamos que, em virtude da amplitude do tema, tivemos de apresentá-lo brevemente, de modo a lhe proporcionar conhecimentos sobre a ramificação da hermenêutica após as contribuições de Schleiermacher, Dilthey, Heidegger e Gadamer.

Neste capítulo, discorremos sobre as perspectivas hermenêuticas, seja em relação à filosofia, seja em relação a outras áreas do conhecimento, como a literatura. Apresentamos, a seguir, os principais pontos discutidos:

- Evidenciamos a aproximação entre a hermenêutica filosófica e a literatura. Para isso, elegemos a linguagem – uma característica humana fundamental – como o ponto comum a essas duas áreas do conhecimento. A apresentação do tema foi dividida em três momentos: 1. tratamos da influência da linguagem científica sobre a hermenêutica e a literatura (em virtude de seu método rigoroso e objetivo de análise, essas duas áreas não podiam se comunicar); 2. apresentamos termos comuns às duas áreas, como *dizer*, *explicar* e *traduzir*, e abordamos a importância de compreendermos a nós mesmos e o mundo; e 3. comentamos sobre certos procedimentos comuns à literatura e à hermenêutica, como a distância temporal, e evidenciamos o caráter dialógico, fundamental para qualquer pretensão interpretativa.
- Mencionamos as contribuições filosóficas de Habermas, um dos últimos herdeiros da Escola de Frankfurt. Ele pretendia emancipar a razão como fonte do conhecimento seguro, a qual deveria ser comunicativa, isto é, com raízes na linguagem. Explicamos que a contribuição habermasiana para a hermenêutica se concentra na crítica à universalidade proposta por Gadamer. Além da não inclusão do aspecto autorreflexivo na filosofia gadameriana, o autor critica a soberania da tradição e da autoridade no processo

compreensivo. Apresentamos, ainda, alguns pontos de embate entre os dois pensadores no que se refere a esses temas.

- Versamos sobre alguns aspectos da filosofia hermenêutica de Ricoeur, o qual busca um diálogo com outras áreas da filosofia, como a fenomenologia, o existencialismo e a linguagem. Segundo o autor, a hermenêutica é um modo de compreensão não somente de textos, mas do próprio ser humano e do mundo que ele habita. O processo hermenêutico acontece por uma via longa, ou seja, a compreensão envolve uma mediação constante, com diferentes fatores e áreas do conhecimento. Por isso, a compreensão não é apenas uma exegese de textos, como se pretendia, e transforma-se em um processo capaz de revelar quem somos e o mundo em que vivemos. Apresentamos, ainda, a importância dos signos, isto é, dos símbolos, para uma verdadeira análise hermenêutica, bem como os conceitos de *experiência*, *tempo* e *texto*. Por fim, ressaltamos que, para Ricoeur, a hermenêutica é uma forma de comunicar conceitos, interpretações e pensamentos novos, e não simplesmente de apresentar o que já foi dito e estudado. Em outras palavras, compreender um texto é estar aberto a possibilidades de interpretação.

Indicações culturais

As *indicações a* seguir propiciam o aprofundamento dos conteúdos trabalhados ao longo deste capítulo e servem de estímulo para você buscar novas fontes e interpretações diferentes das apresentadas. Nosso intuito é favorecer uma melhor compreensão dos pensamentos dos autores abordados no capítulo, sob diferentes perspectivas.

Filmes

SOCIEDADE dos poetas mortos. Direção: Peter Weir. EUA: Touchstone Pictures, 1989. 128 min.

A TEORIA de tudo. Direção: James Marsh. Reino Unido: Universal, 2014. 123 min.

Livros

ANDRADE, Á. M. Filosofia e literatura: o problema moral no "Grande Sertão: Veredas". **Trans/form/ação**, Marília, v. 1, 1974. Disponível em:<http://www.scielo.br/scielo.php?script=sci_art text&pid=S0101-31731974000100010>. Acesso em: 25 out. 2017.

BLEICHER, J. **Hermenêutica contemporânea**. Lisboa: Edições 70, 1992. (Coleção O Saber da Filosofia).

BUCK, G. The Structure of Hermeneutic Experience and the Problem of Tradition. **New Literary History**, v. 10, n. 1, p. 31-47, 1979.

IHDE, D. **Hermeneutic Phenomenology**: the Philosophy of Paul Ricoeur. Evanston: Northwestern University Press, 1971.

GRONDIN, J. **Qué es la hermenêutica?** Barcelona: Helder, 2008.

HABERMAS, J. **A lógica das ciências sociais**. Petrópolis: Vozes, 2009. (Coleção Textos Filosóficos).

HABERMAS, J. **Dialética e hermenêutica**: para a crítica da hermenêutica de Gadamer. Porto Alegre: L&PM, 1987.

HABERMAS, J. **Teoria do agir comunicativo**. São Paulo: M. Fontes, 2012.

Reale, G. **História da filosofia**: de Nietzsche à Escola de Frankfurt. 6. ed. São Paulo: Paulus, 2006. (Coleção História da Filosofia, v. 6).

Ricoeur, P. **A memória, a história, o esquecimento**. Campinas: Ed. da Unicamp, 2007.

Ricoeur, P. **Interpretação e ideologias**. Tradução de Hilton Japiassu. 4. ed. Rio de Janeiro: Francisco Alves, 1990.

Ricoeur, P. **O conflito das interpretações**: ensaios de hermenêutica. Porto: Rés, 1988.

Ricoeur, P. **Tempo e narrativa**. Tradução de Constança Marcondes Cesar. Campinas: Papirus, 1994. Tomo I.

Atividades de autoavaliação

1. Marque V para as afirmações verdadeiras e F para as falsas:
   ( ) A contribuição hermenêutica de Gadamer é tão decisiva e contundente para a filosofia que se estendeu a diversas áreas do conhecimento humano, como artes, direito, linguística e literatura.
   ( ) De acordo com Palmer (1997, p. 98), "Tudo o que se pressupõe em hermenêutica é apenas linguagem e é também só linguagem aquilo que encontramos na hermenêutica; o lugar a que pertencem os outros pressupostos objetivos e subjetivos tem que ser encontrado através (ou a partir) da linguagem".
   ( ) Em uma suposta relação entre a hermenêutica e a literatura, a linguagem é um dos possíveis pontos de encontro entre elas, assim como a historicidade, a tradição, o uso da escrita e a experiência.

Assinale a alternativa correta:
a) F, F, F.
b) V, V, V.
c) F, V, V.
d) F, F, V.
e) V, F, F.

2. A linguagem desempenha uma função importante na teoria hermenêutica habermasiana. Para Habermas, o intérprete não pode escapar do horizonte da linguagem, ao passo que Gadamer não considera o uso reflexivo da linguagem. De acordo com Habermas (1987, p. 239), "a linguagem também é um meio de dominação e poder social; ela serve para legitimar relações de forma organizada". A linguagem não é apenas um instrumento de mediação entre os sujeitos que interpretam o presente na consciência da história efeitual; ela está dentro da tradição e influencia decisivamente os modos de produção, as relações de poder e os movimentos sociais, econômicos e políticos, ou seja, manipula nosso meio social e interage constantemente com ele.

Com base nesse trecho, responda à questão: A crítica de Habermas dirige-se a que conceito de Gadamer?
a) Verdade.
b) Compreensão.
c) Interpretação.
d) Círculo hermenêutico.
e) Tradição.

3. Que corrente filosófica Habermas utiliza para criticar a universalidade hermenêutica proposta por Gadamer?
   a) Psicanálise.
   b) Existencialismo.
   c) Epifenomenalismo.
   d) Epicurismo.
   e) Escola de Frankfurt.

4. De acordo com Ricoeur, o texto é autônomo, ou seja, independente do autor, pois fala por si mesmo, estando aberto a novas possibilidades de interpretação e a quem quiser lê-lo. A subjetividade daquele que o escreveu não deve ser levada em consideração, porque o autor não se faz presente. Esse trecho vai contra o pensamento de qual autor com relação à filosofia hermenêutica?
   a) Heidegger.
   b) Schleiermacher.
   c) Platão.
   d) Habermas.
   e) Aristóteles.

5. Assinale a alternativa que melhor completa o excerto a seguir:

   > É o _____ que exprime nossa experiência fundamental e nossa situação no ser. É ele que nos reintroduz no estado nascente da linguagem. O ser se dá ao homem mediante as sequências simbólicas, de tal forma que toda visão do ser, toda experiência, como relação ao ser, já é uma hermenêutica. O que importa, no final de contas, é que o homem não se contente com sua linguagem primária e espontânea para exprimir toda a sua experiência. (II, p. 3)

a) Acordo.
b) Diálogo.
c) Perguntar.
d) Caráter.
e) Símbolo.

Atividades de aprendizagem

Questões para reflexão

1. Leia uma obra literária de João Guimarães Rosa e procure elementos que permitam uma aproximação entre a literatura e a hermenêutica. Elabore um texto dissertativo (no mínimo, uma lauda) apresentando suas ideias. Na construção textual:
   - estabeleça uma relação entre a literatura e a filosofia;
   - trate da hermenêutica e da racionalidade poética.

   Dica: Leia a terceira parte da obra *Interfaces da hermenêutica filosófica: método, ética e literatura*, de Rohden, intitulada "Faces filosóficas de 'O espelho', de João Guimarães Rosa".

2. A hermenêutica contemporânea, após os séculos XX e XXI, avançou sobre diferentes áreas do conhecimento humano, como a arte, o direito, a religião, a linguística, a pedagogia e a educação. Escolha uma dessas áreas e produza um texto dissertativo (no mínimo, uma lauda) estabelecendo relações entre ela e a hermenêutica filosófica. Apresente pontos de aproximação e de distanciamento entre elas, evidencie sua posição e organize suas ideias. Na construção textual:

- apresente as principais discussões da área do conhecimento escolhida;
- explique de que modo o método hermenêutico se constitui como um método efetivo nessa área;
- aborde os temas do conhecimento, da hermenêutica e da linguagem.

Atividades aplicadas: prática

1. Realize uma leitura atenta da obra *Interpretação e ideologias*, de Ricoeur, e produza um ensaio (no mínimo, 30 linhas) sobre ela. Em seu texto, apresente as principais ideias que você elencou. Lembre-se de estabelecer um diálogo crítico entre a obra e o conteúdo que você vem estudando ao longo de sua formação.

2. Boa parte da contribuição hermenêutica de Habermas está em sua crítica à filosofia de Gadamer, principalmente com relação à universalidade hermenêutica, ao primado da tradição e à ideia de autoridade. Pesquise as obras desses autores, organize um conjunto de fichas e procure os pontos em que um autor critica o outro.

considerações finais

Por *meio deste* trabalho, realizamos uma abordagem sistemática sobre a hermenêutica no que se refere às suas questões definicionais, técnicas e metodológicas, aos seus antecedentes, aos principais teóricos relacionados ao assunto e às discussões centrais dos últimos anos. As temáticas de que tratamos têm relevante expressividade para os estudos que envolvem essa área do conhecimento, inserida não apenas na filosofia, mas também em outras disciplinas das ciências humanas.

A *linguist turn* apontou para a linguagem como o estatuto central das discussões da filosofia. Essa abordagem se dá em diversas perspectivas, entre elas a hermenêutica. Entendida como a ciência da interpretação, muitos autores trabalham com essa perspectiva ou partem dessa definição para ampliar suas concepções sobre tal área do conhecimento.

Em determinado momento da história do pensamento, especialmente com Schleiermacher e Dilthey, a hermenêutica se tornou o instrumento metodológico e de investigação das ciências humanas. Antes, porém, essa abordagem é um método próprio da teologia, particularmente para a interpretação dos textos da Sagrada Escritura.

Heidegger e Gadamer trouxeram importantes contribuições para o estatuto da hermenêutica no século XX. Os estudos ampliaram-se de tal maneira que, nos dias atuais, a disciplina goza de prestígio em várias áreas do conhecimento. Em um mundo onde a incompreensão é constante, em virtude da falta de diálogo ou da incapacidade dos sujeitos de coletarem elementos contextuais, a interpretação coerente se faz urgente. As últimas discussões sobre esse tema apontam caminhos possíveis para a disciplina na filosofia e no espaço do cotidiano.

A leitura e o estudo de um texto filosófico proporcionam diversas e amplas experiências, sendo a interpretação fundamental ao favorecimento delas. Cabe ressaltarmos que, embora não tenhamos versado sobre alguns assuntos, os que julgamos essenciais foram abordados. De qualquer modo, ainda há muito o que aprofundar, pesquisar e aprender.

Um dos desafios da filosofia é dialogar com temas e conceitos que não são atuais, mas que sempre são pautados pelo cotidiano. Para tanto, é necessário compreensão, entendimento e investigação séria. Além disso, a filosofia coloca em paralelo perspectivas distintas e promove árduos enfrentamentos, o que exige domínio de conteúdo, metodológico e interpretativo.

Em suma, o que move o conhecimento filosófico são temas que instigam nosso pensamento em todos os sentidos. Ao encontrarmos um caminho a seguir na área e investigarmos as questões a ele relacionadas, é provável que elas passem a produzir algum sentido para a existência de quem as faz e para a realização desse mesmo sujeito.

referências

AGOSTINHO, Santo. **A doutrina cristã**. São Paulo: Paulus, 2002. (Coleção Patrística).

ALMEIDA, C. L. S. de; FLICKINGER, H.-G.; ROHDEN, L. (Org.). **Hermenêutica filosófica**: nas trilhas de Hans-Georg Gadamer. Porto Alegre: EdiPUCRS, 2000.

ARISTÓTELES. **A política**. 2. ed. Bauru: Edipro, 2009.

ARISTÓTELES. **Organon**. Bauru: Edipro, 2010.

BÍBLIA. **Segunda carta aos Coríntios**. Tradução de Ivo Storniolo e Euclides Martins Balancin. Edição Pastoral. São Paulo: Paulus, 1991. (Velho Testamento e Novo Testamento).

CORETH, E. **Questões fundamentais de hermenêutica**. São Paulo: EPU/Edusp, 1973.

DILTHEY, W. A compreensão dos outros e das suas manifestações de vida. In: GARDINER, P. (Org.). **Teorias da História**. 3. ed. Lisboa: Fundação Calouste Gulbenkian, 1984.

GADAMER, H.-G. Da palavra ao conceito: a tarefa da hermenêutica enquanto filosofia. In: ALMEIDA, C. L. S. de; FLICKINGER, H.-G.; ROHDEN, L. (Org.). **Hermenêutica filosófica**: nas trilhas de Hans-Georg Gadamer. Porto Alegre: EdiPUCRS, 2000. p. 18-19.

GADAMER, H.-G. **Hermenêutica em retrospectiva**: Heidegger em retrospectiva. Tradução de Marcos Antônio Casanova. 2. ed. Petrópolis: Vozes, 2007. v. 1.

GADAMER, H.-G. **Verdade e método I**: traços fundamentais de uma hermenêutica filosófica. Tradução de Flávio Paulo Meurer. Petrópolis: Vozes, 1997.

GADAMER, H.-G. **Verdade e método II**: complementos e índice. Tradução de Enio Paulo Giachini. Petrópolis: Vozes, 2001.

GADAMER, H.-G. **Verdade e método II**: complementos e índice. Tradução de Enio Paulo Giachini. 2. ed. Petrópolis: Vozes, 2002.

HABERMAS, J. **A lógica das ciências sociais**. Petrópolis: Vozes, 2009. (Coleção Textos Filosóficos).

HABERMAS, J. **Dialética e hermenêutica**: para a crítica da hermenêutica de Gadamer. Porto Alegre: L&PM, 1987.

HABERMAS, J. **Teoria do agir comunicativo**. São Paulo: M. Fontes, 2012.

HEIDEGGER, M. **A caminho da linguagem**. Tradução de Márcia Sá Cavalcante Schuback. Petrópolis: Vozes; Bragança Paulista: Universitária São Francisco, 2003.

HEIDEGGER, M. **Ontología**: hermenéutica de la facticidad. Madrid: Alianza, 2008.

HEIDEGGER, M. **Ser e tempo**. 10. ed. Petrópolis: Vozes, 2005. (Coleção Pensamento Humano).

JONAS, H. **The Phenomenon of Life**: Toward a Philosophical Biology. New York: Northwestern University Press, 2001. (Studies in Phenomenology and Existential Philosophy).

MARCONDES, D. **Filosofia, linguagem e comunicação**. 5. ed. São Paulo: Cortez, 2012.

NIETZSCHE, F. **Crepúsculo dos ídolos**. Tradução de Paulo César de Souza. São Paulo: Companhia das Letras, 2008.

PALMER, R. E. **Hermenêutica**. Lisboa: Edições 70, 1997. (Coleção O Saber da Filosofia, v. 15).

PLATÃO. **A República**. Tradução de Maria Helena da Rocha Pereira. 9. ed. Lisboa: Fundação Calouste Gulbenkian, 2001.

PLATÃO. **Fédon**. Tradução de Edson Bini. São Paulo: Edipro, 2012.

PLATÃO. **Mênon**. Tradução de Mauro Iglesias. 8. ed. São Paulo: Loyola, 2014. (Coleção Bibliotheca Antiqua, v. 1).

RICOEUR, P. **A memória, a história, o esquecimento**. Campinas: Ed. da Unicamp, 2007.

RICOEUR, P. **Interpretação e ideologias**. Tradução de Hilton Japiassu. 4. ed. Rio de Janeiro: Francisco Alves, 1990.

RICOEUR, P. **O conflito das interpretações**: ensaios de hermenêutica. Porto: Rés, 1988.

RICOEUR, P. **Tempo e narrativa**. Tradução de Constança Marcondes Cesar. Campinas: Papirus, 1994. Tomo I.

Rohden, L. **Hermenêutica filosófica**: entre a linguagem da experiência e a experiência da linguagem. São Leopoldo: Ed. Unisinos, 2002. (Coleção Ideias).

Rohden, L. **Interfaces da hermenêutica**: método, ética e literatura. Caxias do Sul: Educs, 2008.

Schleiermacher, F. **Hermenêutica**: arte e técnica da interpretação. Tradução de Celso reni Braida. 2. ed. Petrópolis: Vozes, 2000.

Schmidt, L. K. **Hermenêutica**. 3. ed. Petrópolis: Vozes, 2014. (Coleção Pensamento Moderno).

Shakespeare, W. **Hamlet**. Tradução de Millôr Fernandes. Porto Alegre: L&PM, 1997.

Wittgenstein, L. **Investigações filosóficas**. Tradução de José Carlos Bruni. São Paulo: Abril Cultural, 1979. (Coleção Os Pensadores).

Wittgenstein, L. **Tractatus logico-philosophicus**. 3. ed. São Paulo: Edusp, 2008.

bibliografia comentada

DILTHEY, W. **Introdução às ciências humanas**: tentativa de uma fundamentação para o estudo da sociedade e da história. Rio de Janeiro: Forense Universitária, 2010.
Nessa obra, o autor propõe que existe uma diferença entre as ciências da natureza e as ciências humanas. O objeto de estudo daquelas concentra-se em fenômenos externos ao homem, ao passo que as ciências humanas estudam as relações entre os indivíduos existentes

no mundo. Para Dilthey, as ciências da natureza, por terem seu objeto em aspectos físicos, interpreta as ciências humanas como dados em sua aparência e sua duração. Desse modo, a compreensão empreendida sobre os seres humanos é abstrata. Portanto, esse livro é uma crítica a tal ciência. A fim de recuperar os laços das ciências humanas com o ser humano, o autor utiliza o método hermenêutico. Assim, ocorreria uma fundamentação das referidas ciências, à medida que, hermeneuticamente, seria possível compreender como o conhecimento humano se faz desde o horizonte próprio ao espírito.

GADAMER, H.-G. **Verdade e método I**: traços fundamentais de uma hermenêutica filosófica. Tradução de Flávio Paulo Meurer. Petrópolis: Vozes, 1997.

Nessa obra clássica da hermenêutica, tanto questões técnicas quanto perspectivas filosóficas se fundem em um todo coerente. O autor discute, à luz da ciência da hermenêutica, a metodologia das ciências do espírito e da natureza na busca da verdade. O livro é dividido em três partes: 1. liberação da questão da verdade desde a experiência da arte; 2. extensão da questão da verdade à compreensão nas ciências do espírito; e 3. virada ontológica da hermenêutica no fio condutor da linguagem.

HEIDEGGER, M. **Ontología**: hermenéutica de la facticidad. Madrid: Alianza, 2008.

Nesse livro, Heidegger estuda o conceito de *facticidade do ser* mediante uma abordagem hermenêutica. Para o autor, a ontologia deve se preocupar com o ente e suas possibilidades no transcorrer temporal, tendo presente o verdadeiro significado das coisas que se mostram. Nessa obra, de 1923 – portanto, anterior à publicação de *Ser e tempo* –, o autor já propõe uma reconfiguração no conceito de *ontologia*, devendo-se, desde então, considerar o caráter fático do ser. Desse modo, a facticidade designa o caráter próprio do ser, e a hermenêutica indica o modo unitário de abordá-la, concentrá-la e acessá-la, isto é, de questionar e explicar essa facticidade.

HEIDEGGER, M. **Ser e tempo**. 10. ed. Petrópolis: Vozes, 2005. (Coleção Pensamento Humano).

O objetivo declarado dessa obra é criar uma ontologia capaz de determinar adequadamente o sentido do ser. Desde Aristóteles, a filosofia não havia questionado o conceito de *ser*, como fez Heidegger ao reorganizar conceitos fundamentais da filosofia (ser, tempo, existência, verdade). Nessa obra, Heidegger investiga o ser como conceito universal e indefinível, o qual, segundo o autor, está vinculado à existência, ao próprio acontecimento. O caminho para o conhecimento do ser parte do próprio homem, de seus questionamentos e suas reflexões. Ao diferenciar a noção de *ser* da de *ente* (coisa), Heidegger afirma que o homem é um "ente inacabado", que se reconstrói constantemente. Tendo a morte como horizonte e limite do futuro, o homem deve retomar-se a cada momento e, assim, unir o presente ao passado. A existência está, portanto, vinculada à temporalidade.

RICOEUR, P. **Interpretação e ideologias**. Tradução de Hilton Japiassu. 4. ed. Rio de Janeiro: Francisco Alves, 1990.

Nessa obra, o autor aceita o desafio de estabelecer um embate entre interpretação e ideologia. Trata-se de uma decodificação interpretativa do universo dos signos, bem como de uma tomada de posição crítico-interpretativa dos discursos ideológicos que se infiltram e se dissimulam em todo o conhecimento. Nesse livro, afirma-se ser necessário converter o método hermenêutico em um esforço para salvar o homem das ciências. Assim, a crítica de uma consciência falsa constitui a tarefa da hermenêutica. Já a crítica das ideologias precisa se submeter a uma reflexão interpretativa chamada *meta-hermenêutica*.

SCHLEIERMACHER, F. D. E. **Hermenêutica**: arte e técnica da interpretação. Tradução de Celso Reni Braida. 2. ed. Petrópolis: Vozes, 2000.

Schleiermacher desloca a hermenêutica do domínio técnico e científico para o campo filosófico. Em suma, a compreensão hermenêutica proposta põe à prova a objetividade científica das ciências naturais ao estabelecer a inseparabilidade entre o sujeito e o objeto; o condicionamento de toda expressão do humano a determinado horizonte linguístico; a circularidade entre o todo e o particular, que impede a compreensão por mera indução; e a referência à pré-compreensão, a qual destaca a prioridade da pergunta sobre a resposta e problematiza a noção de *dado empírico puro*.

respostas

Atividades de autoavaliação

Capítulo 1
1. d
2. b
3. c
4. b
5. e

Capítulo 2

1. b
2. d
3. a
4. a
5. c

Capítulo 3

1. c
2. d
3. a
4. c
5. d

Capítulo 4

1. c
2. d
3. b
4. a
5. a

Capítulo 5

1. d
2. b
3. c
4. c
5. e

Capítulo 6

1. b
2. e
3. a
4. b
5. e

sobre os autores

Leandro Sousa Costa é doutor em Filosofia (2020) pela Pontifícia Universidade Católica do Paraná (PUCPR). Atualmente, é professor do curso de Filosofia da Universidade Estadual do Paraná (Unespar) – Campus União da Vitória – e da Fundação Municipal Centro Universitário de União da Vitória (UNIUV). É professor do Programa de Pós-Graduação em Filosofia da Universidade Estadual do Paraná (PROF-FILO). Atua nas áreas de lógica, filosofia da linguagem e filosofia medieval. É editor-chefe da *Revista Paranaense de FIlosofia* (RPFilo). Pesquisa sobre lógica e filosofia da linguagem e se interessa por temas como filosofia da lógica, filosofia da matemática, filosofia da ciência, filosofia e história das religiões, epistemologia dos animais não humanos e economia política. Suas pesquisas estão nucleadas no pensamento de Guilherme de Ockham e de Ludwig Wittgenstein.

Leonardo Nunes Camargo é doutor e mestre em Filosofia pela Pontifícia Universidade Católica do Paraná (PUCPR), especialista em Ética pela mesma instituição e bacharel em Filosofia pela Faculdade Vicentina (Favi). Atualmente, é professor de Filosofia da Academia da Força Aérea (AFA) em Pirassununga, SP, e atua na área de ética. É membro dos Grupos de Trabalhos: Hans Jonas e Filosofia da Tecnologia e da Técnica, ambos da Anpof. Pesquisa temas relacionados ao transumanismo e ao pensamento de Hans Jonas, além dos conceitos de autenticidade, liberdade, técnica, tecnologia e bioética.

A Escola de Atenas (Scuola di Atene)
Raphael Sanzio, 1509-1510
afresco, 500 × 770 cm
Stanza della Segnatura, Palácio Apostólico
Cidade do Vaticano

Impressão:
Março/2023